welcome to amigurumi zoo

두근두근 손뜨개 인형 레슨

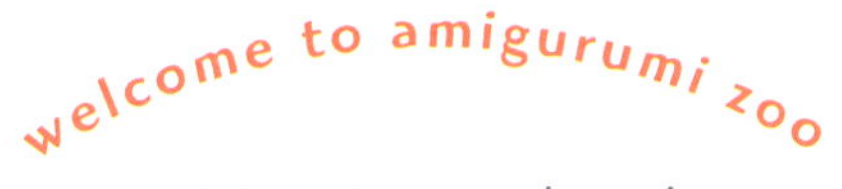

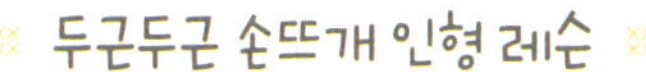

시끌벅적 나만의 미니 동물원 100

part 1 몸집이 큰 동물

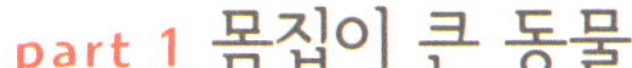

북극곰 … 8쪽

1 2 3 4

기린 … 12쪽

5 6 7 8

판다 … 16쪽

9 10 11

공 … 16쪽

12 13

코끼리 … 17쪽

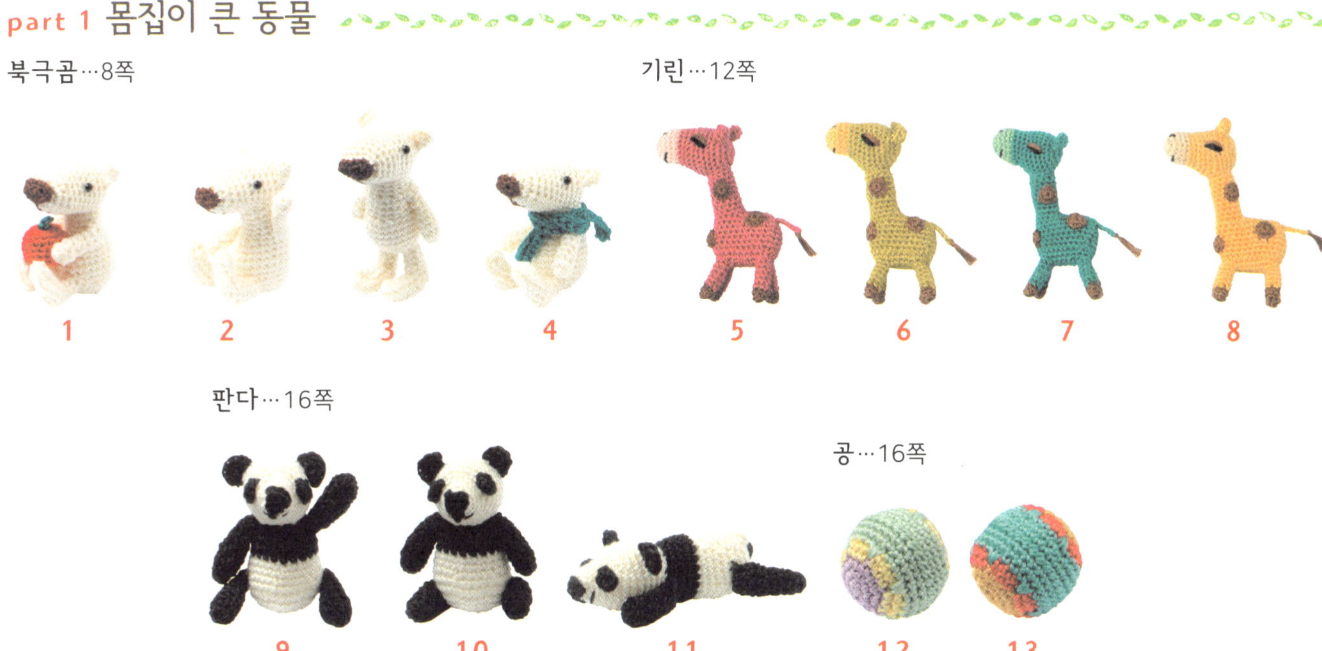

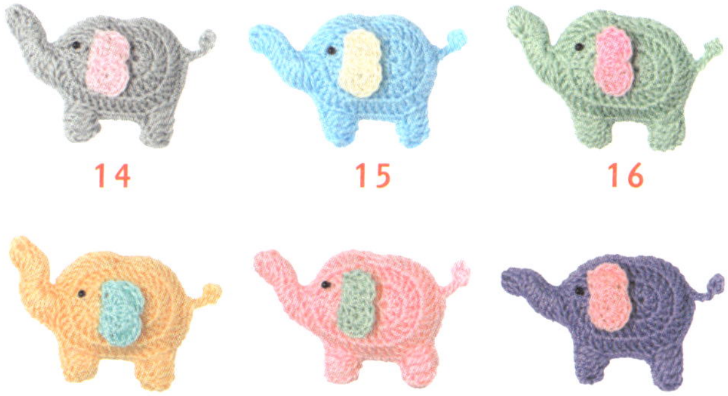

14 15 16

17 18 19

얼룩말 … 20쪽

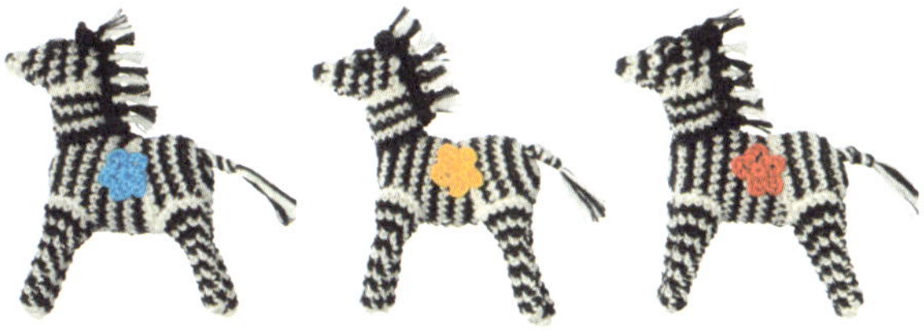

20 21 22

part 2 몸집이 작은 동물

토끼 … 24쪽

23 24 25 26

당근 … 24쪽

27 28 29 30

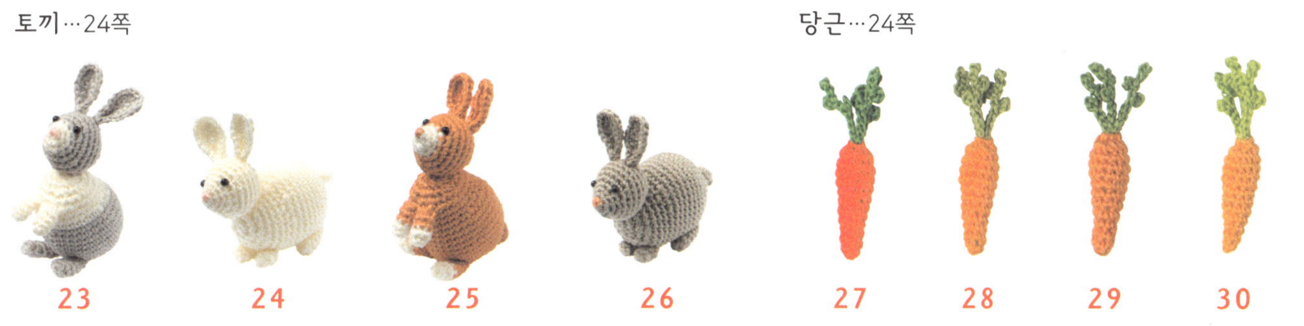

point lesson
뜨는 방법의 포인트

✳ 자수실을 사용하는 방법

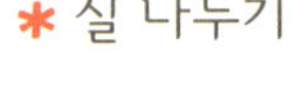

1 자수실은 왼쪽 끝 고리를 잡고 실 끝을 천천히 당기면 엉키지 않고 부드럽게 꺼낼 수 있습니다. 라벨에 적힌 색 번호는 실이 떨어졌을 때 필요합니다. 실을 다 쓸 때까지 라벨을 잘 보관하세요.

2 자수실은 6가닥으로 되어 있고, 이 책에 실린 작품은 6가닥으로 뜹니다.

※ 이 책에 실린 작품은 전부 올림푸스의 자수실 (25번)을 사용하였습니다. 자수실에 관한 것은 80쪽을 참고하세요.

✳ 실 나누기

꼬여 있는 하나의 실을 2~3가닥으로 나눈 모습입니다. 손뜨개 인형의 눈을 꿰매어 붙이거나 마무리할 때 사용합니다. 실을 약 30cm 정도 잘라내 꼬임을 풀면 나누는 작업이 수월합니다.

✳ 감침질로 마무리하는 방법 ※ 코끼리 뜨기(17쪽)에 해당하는 설명입니다.

1 몸통에 해당하는 뜨개바탕 2장을 뜨고, 꼬리는 1장에만 뜹니다.

2 돗바늘에 실을 끼워 뜨개바탕 2장을 안면끼리 겹쳐놓고 코의 머리(사슬)를 감칩니다. 매듭지은 실 끝을 뜨개바탕 안면에 넣어 바늘을 겉면으로 빼고 한 번에 사슬 2개씩 감침질합니다.

3 양쪽 바탕의 1코씩을 통과시켜 감침질하는데 이때 코가 어긋나지 않도록 주의합니다.

4 몸통을 반 이상 감침질했을 때 구름솜을 넣습니다. 구름솜은 코끼리의 형태를 떠올리며 통통하게 채워넣는 것이 포인트입니다.

5 구름솜을 넣은 다음 몸통 끝까지 감침질로 마무리합니다. 실 끝은 풀어지지 않도록 실을 여러 번 통과시킨 후 자릅니다.

6 몸통을 감침질로 마무리했습니다.

✳ 손뜨개 인형 눈 부품

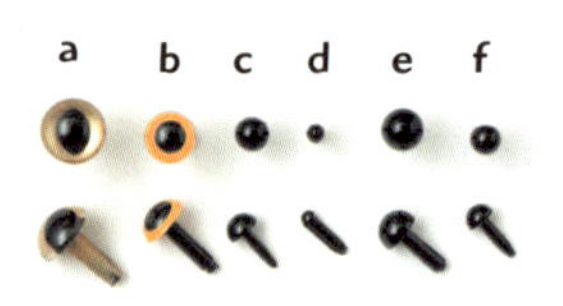

손뜨개 인형 전용 눈(**a~f**) 외에 비즈(**g·h**) 등 좋아하는 디자인으로 선택합니다.

※ 손뜨개 인형 전용 눈에 관한 것은 80쪽을 참고하세요.

a 하마나카 캐츠아이
b 하마나카 크리스털아이
c·d 하마나카 솔리드아이
e·f 일본아미구루미협회 꽂는 눈 타입
g 시드 비즈
h 둥근 비즈

✳ 눈(비즈) 다는 방법

1 바느질용 바늘에 재봉실(또는 자수실을 나눈 것)을 통과시켜 실 끝을 매듭짓습니다. 뜨개바탕을 통과한 바늘을 사진처럼 실의 고리에 넣고 당깁니다.

2 '바늘에 비즈를 끼워 뜨개바탕에 바느질'을 2번 정도 반복하고 눈을 답니다.

3 바늘을 왼쪽에서 오른쪽 눈으로 옮기고 같은 요령으로 눈을 답니다.

49~51 양

작품…37쪽 / how to make…39쪽

＊ 실을 이어서 뜨는 방법

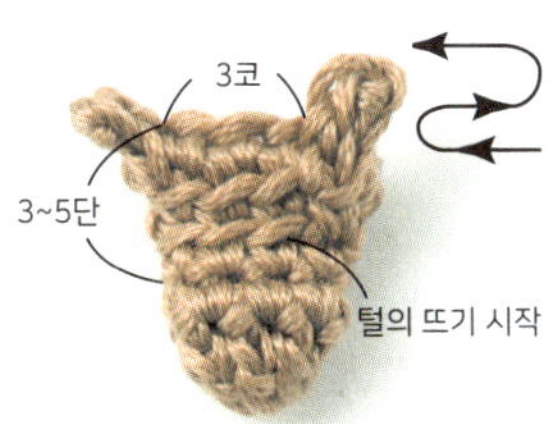   

1 양 얼굴의 3~5단째 이마 부분의 3코를 주워 실을 떠나갑니다. 얼굴의 3·4단에서 코를 주울 때는 이랑뜨기 부분의 남겨진 앞쪽 반코에서 건져 올리고 5번째 단은 머리 쪽 사슬코의 앞쪽 반코에서 건져 올려 뜹니다.

2 3번째 단의 남겨진 앞코에 실을 걸어 '빼뜨기 1코, 사슬 2코'를 반복하여 **1**의 화살표 순서대로 3단을 뜹니다. 다음 단으로 이동할 때는 사슬 1코를 뜹니다.

3 이마에 털을 3단 뜬 모습입니다.

4 얼굴 마지막 단의 3코를 주워 가슴 부분을 왕복 5단으로 뜨고, 계속해서 몸통을 둥글게 돌아가며 뜹니다.

5 몸통을 떴다면 이랑뜨기의 남은 반코를 주워 털을 뜹니다. 가슴 부분부터 뜨기 시작합니다.

6 가슴의 1번째 단의 반코를 머리 쪽에서 바늘을 넣어 주워 올려 배색실(갈색)을 연결합니다.

7 이마의 털처럼 '빼뜨기 1코, 사슬 2코'를 반복해 뜹니다.

8 **5**의 화살표 순서대로 가슴 부분을 3코씩 주워 뜹니다.

9 왕복 5단을 뜨면서 몸통 둘레를 떠나갑니다.

10 같은 요령으로 이랑뜨기 부분의 남은 반코를 주워 몸통을 돌아가며 엉덩이까지 털을 뜹니다.

97~100 플라밍고

작품…61쪽 / how to make…72쪽

＊ 발에 와이어를 넣어 뜨는 방법

 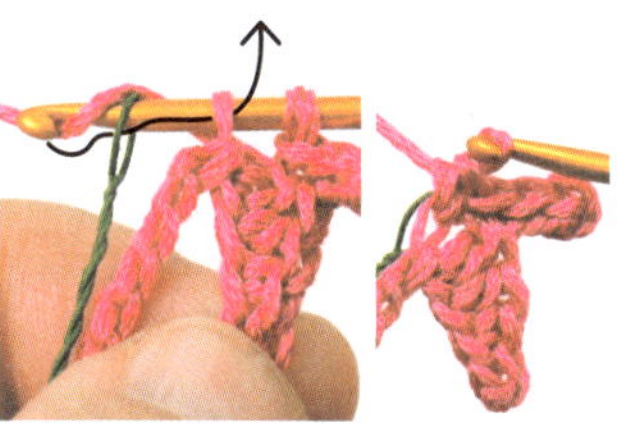

1 사슬뜨기로 기초코를 잡고 발끝까지 뜹니다. 와이어의 끝을 둥글게 접어, 코바늘 머리가 들어갈 크기의 고리를 만들고 꼬아둡니다.

2 사슬 바깥쪽에서 코를 주워 와이어의 고리에 바늘을 넣고, 바늘 끝에 실을 걸어 짧은뜨기를 합니다. 오른쪽 사진을 보면 와이어와 뜨개바탕이 연결되었습니다.

  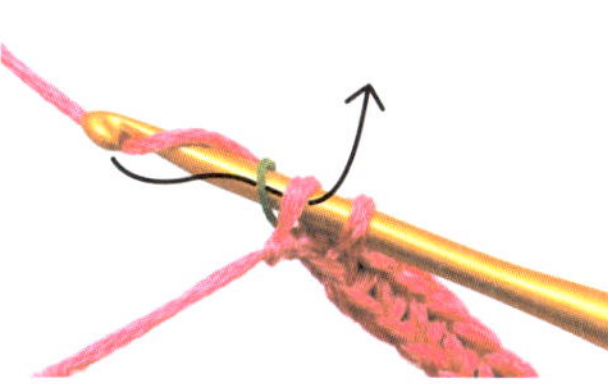 

3 같은 요령으로 사슬 바깥쪽에서 코산을 주워 와이어를 감싸며 짧은뜨기를 합니다.

4 3분의 2 정도 떴으면 반대쪽 와이어 끝도 둥글게 접어서 꼬아줍니다.

5 마지막코를 뜰 때 와이어 끝의 고리 안으로 바늘을 넣어 실과 함께 짧은뜨기를 합니다.

6 마지막코를 떴습니다. 아래쪽 사진은 와이어를 넣은 발을 완성한 모습입니다.

46~48 아기 사슴

작품…36쪽 / how to make…38쪽

＊ 아기 사슴 마무리하는 방법

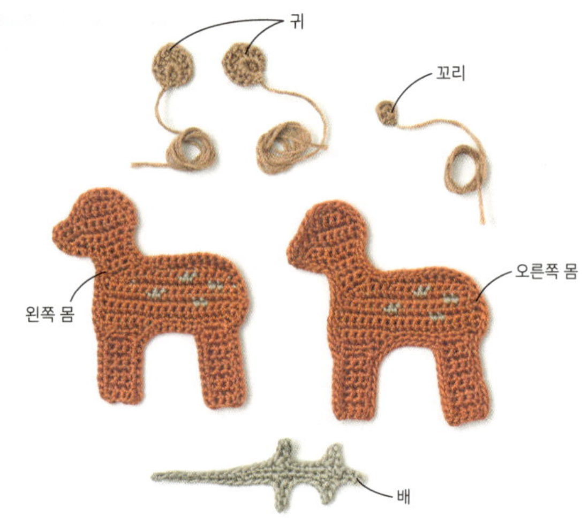

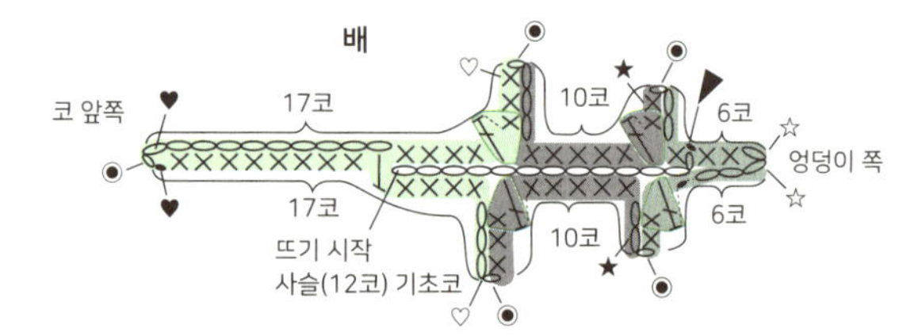

도안을 참고해 아기 사슴 몸의 각 부분을 뜹니다. 귀와 꼬리의 실 끝은 마무리할 때 사용하므로 길게 남겨둡니다.

감침질로 다리 마무리하기

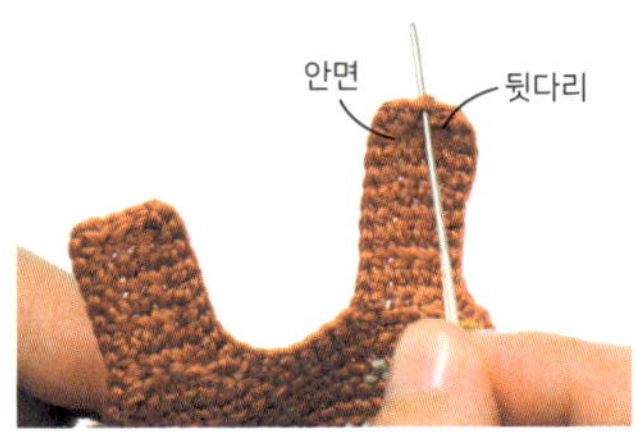

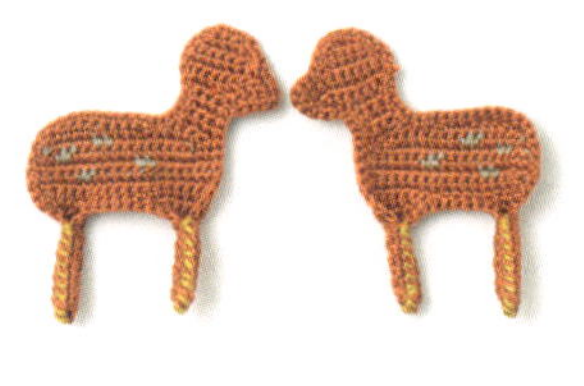

1 뜨개바탕 안면을 앞으로 놓고 발끝 중앙코에서 바느질을 시작합니다.

2 뒷다리의 뜨개바탕을 반으로 접은 다음 발끝부터 감침질합니다. 바느질을 시작하는 부분은 같은 코에 실을 2번 통과시켜 단단히 고정합니다.

3 사슬코 머리 2가닥씩을 건져나가면서 발끝 부분과 옆면 8코를 감침질합니다. 몸통과 연결되는 다리의 8번째 코는 단단히 잡아당겨 2번 바느질합니다.

4 같은 요령으로 앞다리와 뒷다리 4개를 감침질한 모습입니다.

다리에 털실 채우기

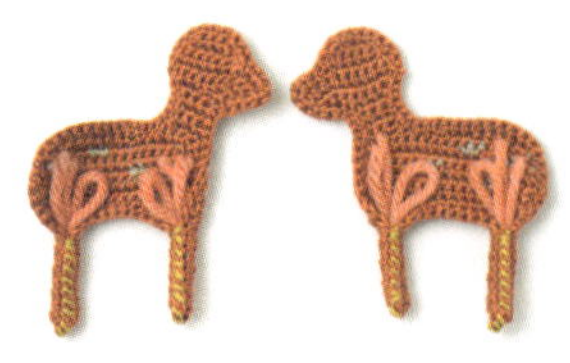

오른쪽 몸, 왼쪽 몸, 배는 감침질로 연결하기

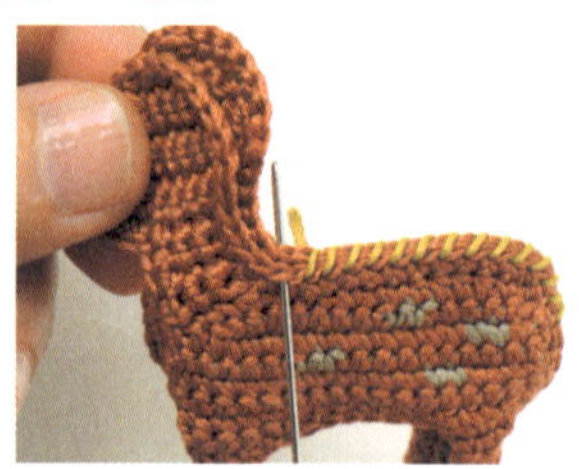

5 두꺼운 털실(약 15cm)을 4번 접습니다. 발끝에서 코바늘을 넣고 실을 걸어 당겨서 다리에 털실을 채웁니다.

6 같은 요령으로 앞다리와 뒷다리에 털실을 넣은 모습입니다.

7 오른쪽 몸과 왼쪽 몸의 뜨개바탕을 안면끼리 겹치고 엉덩이(□)부터 연결합니다.

8 코가 어긋나지 않도록 주의하며 엉덩이 쪽에서 머리 쪽으로 감침질합니다.

9 코 앞쪽(■)까지 감침질하고 매듭을 짓습니다.

10 다음은 배를 연결합니다. 배와 왼쪽 몸의 ☆끼리 맞대고 엉덩이부터 감침질합니다.

11 배와 왼쪽 몸 6코를 감칩니다. 그다음 배의 ⊙코(기둥코)와 다리 쪽의 마무리한 바늘땀을 같이 감침질합니다.

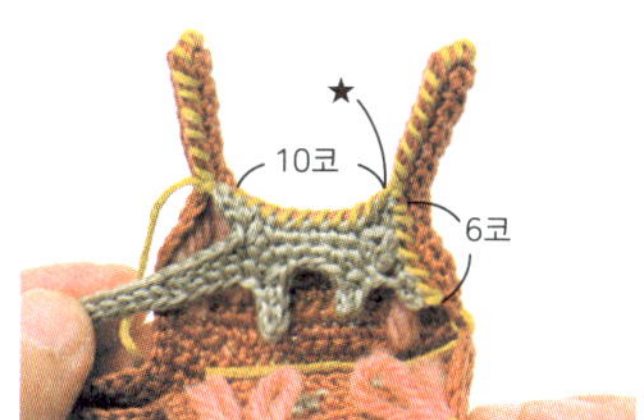

12 사진처럼 같은 모양끼리 맞대어 연결합니다.

구름솜 넣기

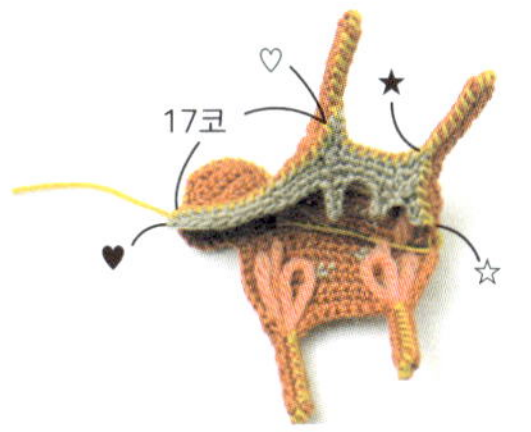

13 코 앞쪽(♥)까지 감침질해 왼쪽 몸과 배가 연결된 모습입니다. 코 앞쪽에서 방향을 틀어 오른쪽 몸과 배를 같은 방법으로 연결합니다.

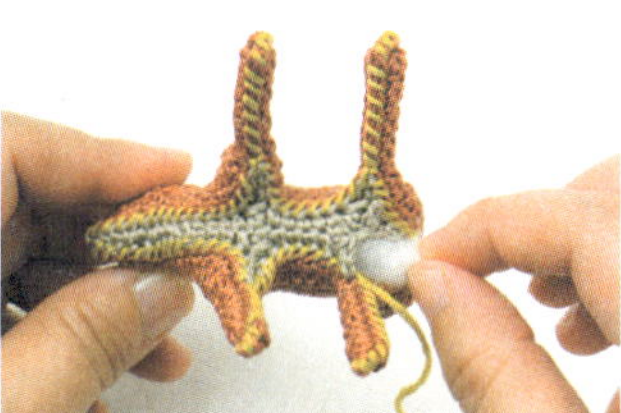

14 꼬리에 가까워지면 구름솜을 채웁니다. 몸의 볼록한 형태가 잘 잡히도록 구름솜을 많이 넣는 것이 포인트입니다.

15 구름솜을 충분히 넣고 바느질을 마무리합니다. 매듭이 풀리지 않도록 남은 실을 구름솜이 채워진 몸통 안으로 몇 번 통과시킨 후 자릅니다.

16 오른쪽 몸, 왼쪽 몸, 배를 감침질해 마무리한 모습입니다.

꼬리와 귀를 붙이고 얼굴 마무리하기

1 꼬리를 엉덩이에 붙입니다.

2 이번에는 귀를 머리에 붙입니다.

3 코는 자수실 3가닥을 준비해 스트레이트스티치로 6회 정도 수를 놓습니다.

4 돗바늘 등으로 눈(솔리드아이)이 들어가게 뜨개바탕의 눈 위치를 넓혀줍니다.

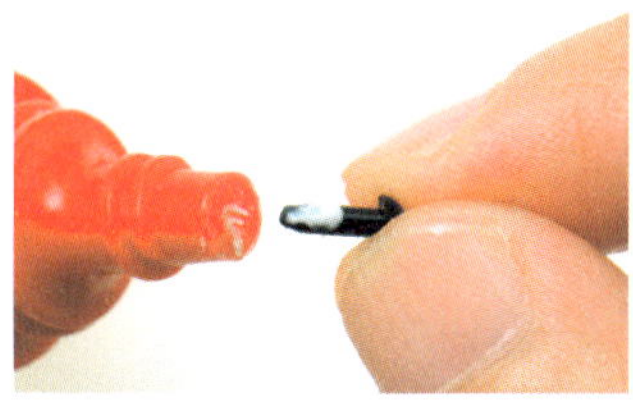

5 솔리드아이 다리 부분에 접착제를 약간 묻힙니다.

6 눈 위치에 끼워 넣습니다.

7 아기 사슴을 완성했습니다.

part 1
몸집이 큰 동물

느긋하게 움직이며 여유로운 동물들.
커다란 몸을 움직여 데굴데굴 뒹구는 모습까지 사랑스러워요!

polar bear

4

북극곰

* how to make…10쪽
* design…다케다 히로코

1~4 북극곰 photo→8쪽

❋ 25번 자수실

1: 아이보리색(850)…4타래   갈색 계열(737)…0.5타래
오렌지색 계열(1053)…0.5타래   녹색 계열(223)…소량
2: 아이보리색(850)…4타래   갈색 계열(737)…0.5타래
3: 아이보리색(850)…4타래   갈색 계열(737)…0.5타래
4: 아이보리색(850)…4타래   갈색 계열(737)…0.5타래
녹색 계열(223)…0.5타래

❋ 기타 재료
구름솜…적당량
일본아미구루미협회 눈 부품(꽂는 타입) 검은색 3.5mm…각 1쌍
❋ 바늘
코바늘 2/0호(2.0mm)

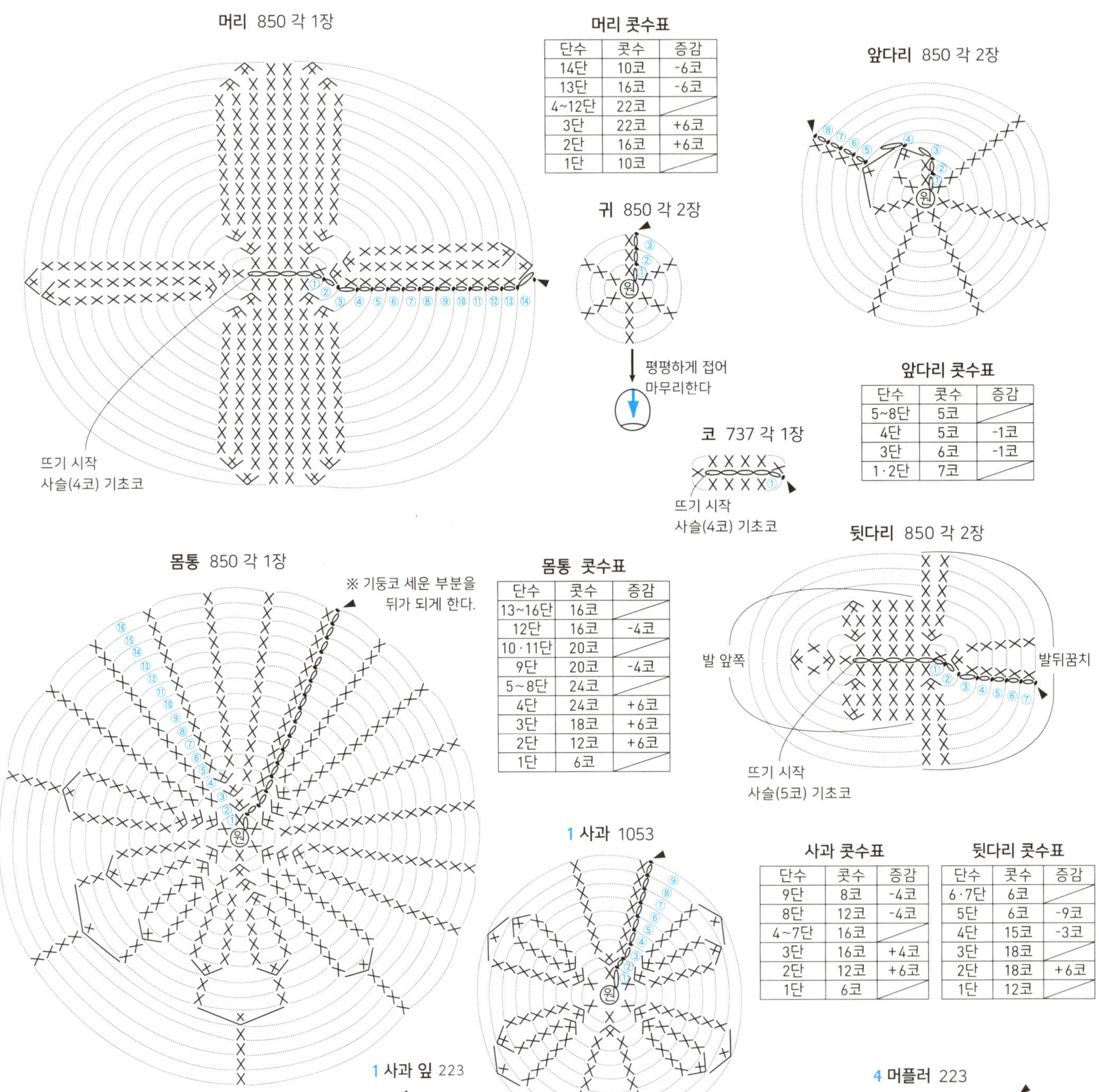

머리 콧수표

단수	콧수	증감
14단	10코	-6코
13단	16코	-6코
4~12단	22코	
3단	22코	+6코
2단	16코	+6코
1단	10코	

앞다리 콧수표

단수	콧수	증감
5~8단	5코	
4단	5코	-1코
3단	6코	-1코
1·2단	7코	

몸통 콧수표

단수	콧수	증감
13~16단	16코	
12단	16코	-4코
10·11단	20코	
9단	20코	-4코
5~8단	24코	
4단	24코	+6코
3단	18코	+6코
2단	12코	+6코
1단	6코	

사과 콧수표

단수	콧수	증감
9단	8코	-4코
8단	12코	-4코
4~7단	16코	
3단	16코	+4코
2단	12코	+6코
1단	6코	

뒷다리 콧수표

단수	콧수	증감
6·7단	6코	
5단	6코	-9코
4단	15코	-3코
3단	18코	
2단	18코	+6코
1단	12코	

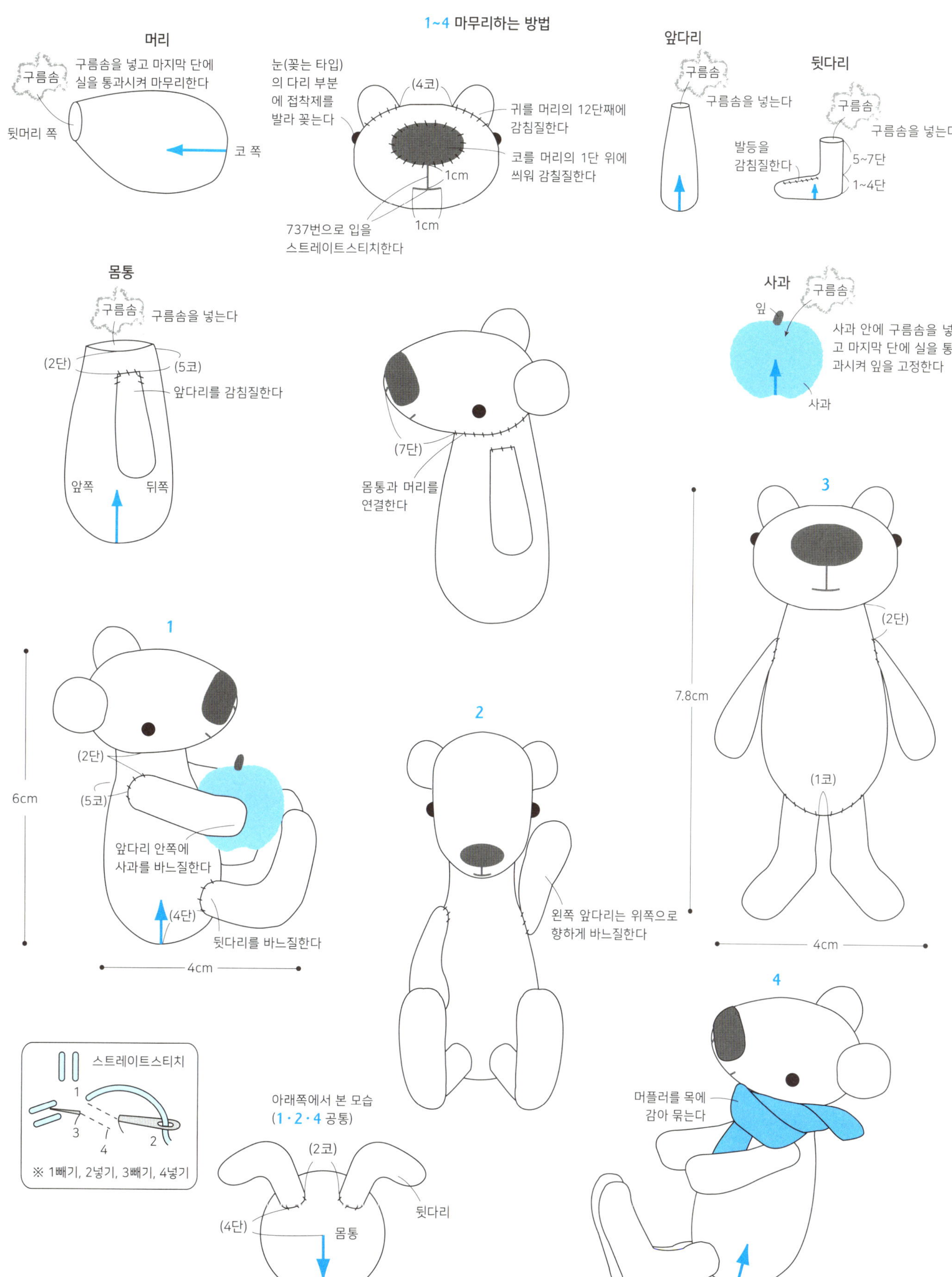

머리
구름솜
구름솜을 넣고 마지막 단에 실을 통과시켜 마무리한다
뒷머리 쪽
코 쪽
1~4 마무리하는 방법
눈(꽂는 타입)의 다리 부분에 접착제를 발라 꽂는다
(4코)
귀를 머리의 12단째에 감침질한다
코를 머리의 1단 위에 씌워 감칠질한다
1cm
1cm
737번으로 입을 스트레이트스티치한다
앞다리
구름솜
구름솜을 넣는다
뒷다리
구름솜
구름솜을 넣는다
발등을 감침질한다
5~7단
1~4단
몸통
구름솜
구름솜을 넣는다
(2단)
(5코)
앞다리를 감침질한다
앞쪽
뒤쪽
사과
잎
구름솜
사과 안에 구름솜을 넣고 마지막 단에 실을 통과시켜 잎을 고정한다
사과
(7단)
몸통과 머리를 연결한다
3
(2단)
7.8cm
(1코)
4cm
1
(2단)
(5코)
6cm
앞다리 안쪽에 사과를 바느질한다
(4단)
뒷다리를 바느질한다
4cm
2
왼쪽 앞다리는 위쪽으로 향하게 바느질한다
스트레이트스티치
1
3   4   2
※ 1빼기, 2넣기, 3빼기, 4넣기
아래쪽에서 본 모습
(1·2·4 공통)
(2코)
뒷다리
(4단)
몸통
4
머플러를 목에 감아 묶는다

5

6

기린

＊how to make…14쪽
＊design…다케다 히로코

giraffe

7

8

5〜8 기린　　photo→12쪽

＊ 25번 자수실

5: 분홍색 계열(127)…3타래　　갈색 계열(745)…1타래
분홍색 계열(111)…0.5타래　　검은색(900)…소량
6: 녹색 계열(292)…3타래　　갈색 계열(745)…1타래
노란색 계열(502)…0.5타래　　검은색(900)…소량
7: 녹색 계열(223)…3타래　　갈색 계열(745)…1타래
녹색 계열(262)…0.5타래　　검은색(900)…소량
8: 노란색 계열(502)…3타래　　갈색 계열(745)…1타래
베이지색 계열(734)…0.5타래　　검은색(900)…소량

＊ 기타 재료

구름솜…적당량

＊ 바늘

코바늘 2/0호(2.0mm)

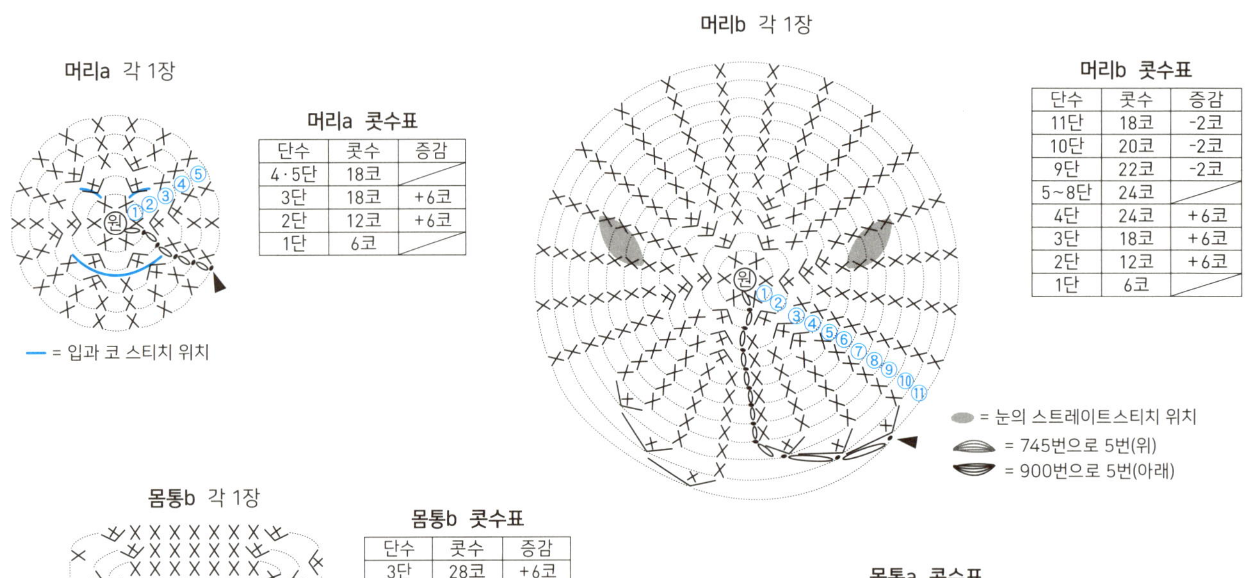

머리a 콧수표

단수	콧수	증감
4·5단	18코	
3단	18코	+6코
2단	12코	+6코
1단	6코	

머리b 콧수표

단수	콧수	증감
11단	18코	-2코
10단	20코	-2코
9단	22코	-2코
5〜8단	24코	
4단	24코	+6코
3단	18코	+6코
2단	12코	+6코
1단	6코	

몸통b 콧수표

단수	콧수	증감
3단	28코	+6코
2단	22코	+6코
1단	16코	

몸통a 콧수표

단수	콧수	증감
4〜8단	28코	
3단	28코	+2코
2단	26코	+14코
1단	12코	

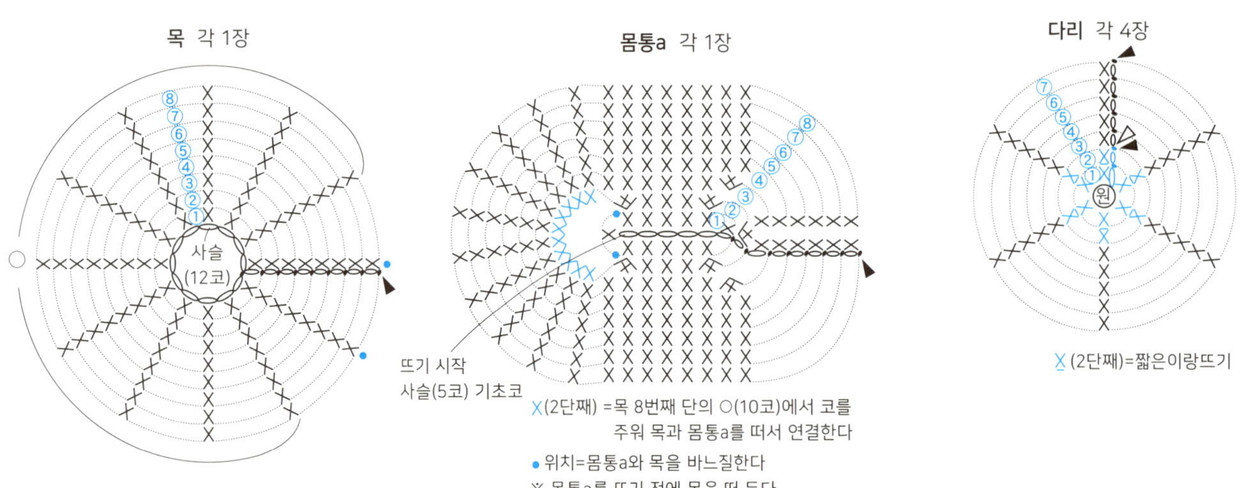

X (2단째) =목 8번째 단의 ○(10코)에서 코를
　　　주워 목과 몸통a를 떠서 연결한다

● 위치=몸통a와 목을 바느질한다

※ 몸통a를 뜨기 전에 목을 떠 둔다.

5~8 마무리하는 방법

머리a · b

목과 몸통a · b

다리

꼬리 각 1장

※ 꼬리 끝에 술을 단다.

꼬리 술 만드는 방법

※ 4cm 실 2가닥을 반으로 접어 꼬리의 ☆ 코에 통과시켜 붙인다.

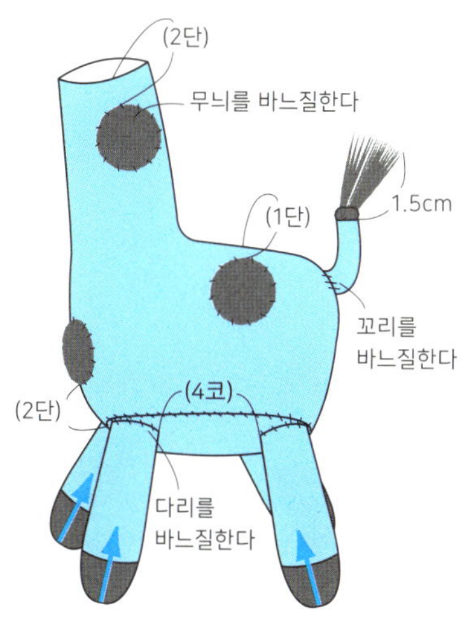

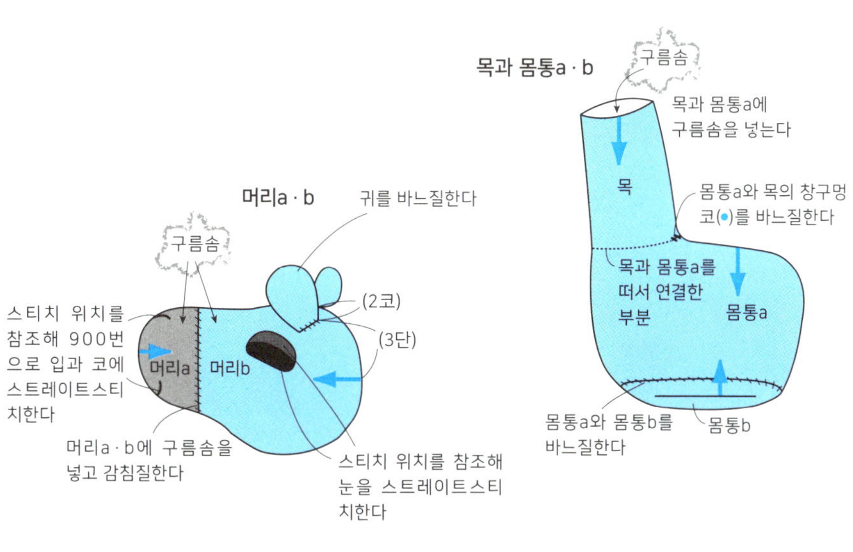

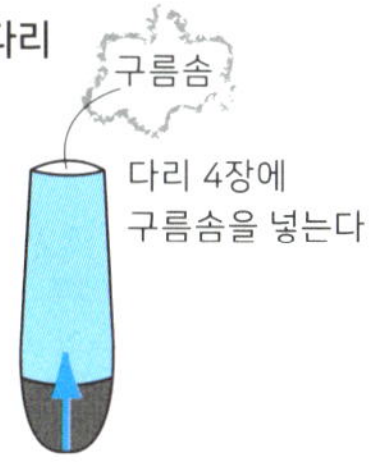

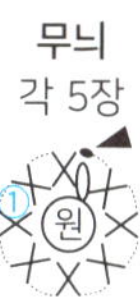

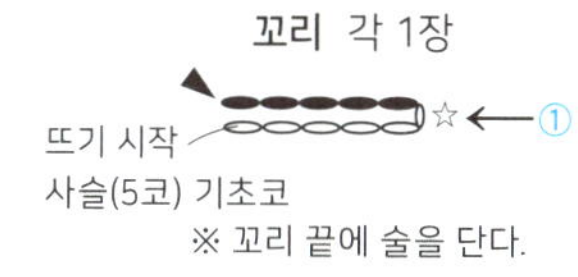

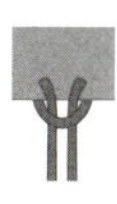

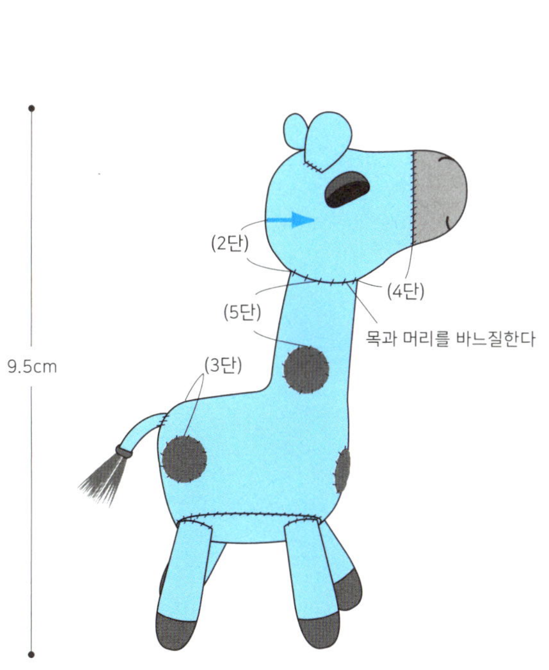

귀 각 2장

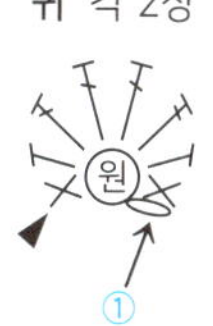

무늬 각 5장

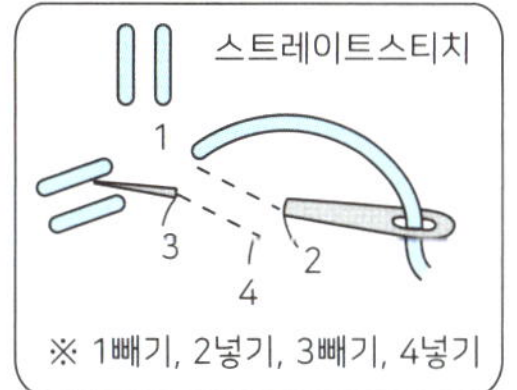

5~8 배색표

	5	6	7	8
머리a	111	502	262	734
머리b	127	292	223	502
몸통a · b, 목	127	292	223	502
다리 —	745			
다리 —	127	292	223	502
무늬	745			
귀, 꼬리	127	292	223	502
꼬리 술	745			

panda

판다

공

* how to make…18쪽, 74쪽
* design…후지타 도모코

* how to make…66쪽
* design…후지타 토모코

9~13 판다&공　photo→16쪽

★ 25번 자수실

9~11: 아이보리색(850)…각 2.5타래　　검은색(900)…각 2타래

12: 녹색 계열(261)…1타래　　보라색 계열(601)…0.5타래
노란색 계열(541)…0.5타래

13: 녹색 계열(221)…1타래　　노란색 계열(522)…0.5타래
분홍색 계열(155)…0.5타래

★ 기타 재료
구름솜…적당량

★ 바늘
9~11: 코바늘 2/0호(2.0mm), 레이스바늘 0호(1.75mm)
12·13: 코바늘 2/0호(2.0mm)

※ 공을 뜨는 방법은 74쪽을 참고하세요.

11 머리 850 코바늘 2/0호(2.0mm)

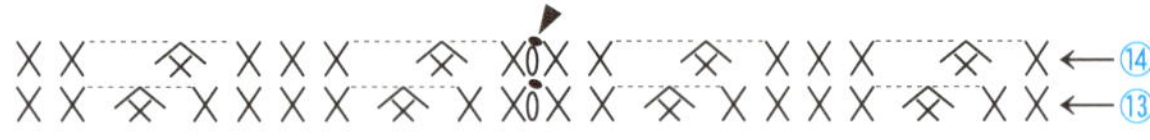

※ **11**은 14단까지만 뜬다. 1단부터 12단까지는 **9·10** 도안을 참고해 뜬다.

9·10 머리 850 코바늘 2/0호(2.0mm)

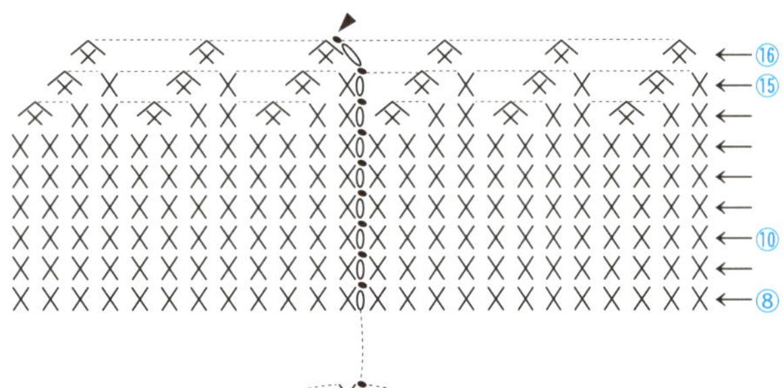

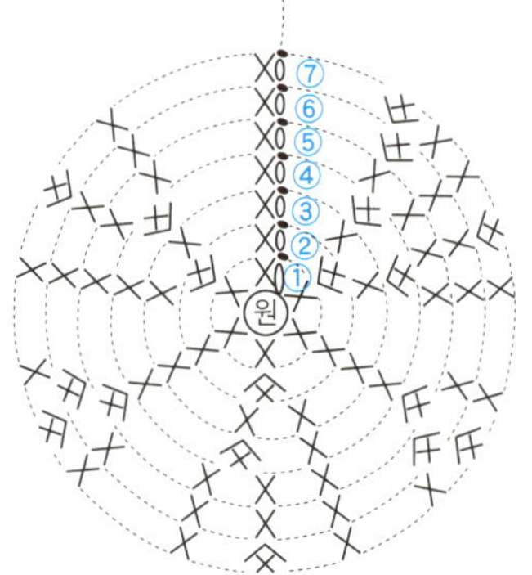

9·10 머리 콧수표		
단수	콧수	증감
16단	6코	-6코
15단	12코	-6코
14단	18코	-6코
8~13단	24코	
7단	24코	+6코
6단	18코	+3코
5단	15코	+2코
4단	13코	+4코
3단	9코	
2단	9코	+3코
1단	6코	

11 머리 콧수표		
단수	콧수	증감
14단	16코	-4코
13단	20코	-4코
8~12단	24코	
7단	24코	+6코
6단	18코	+3코
5단	15코	+2코
4단	13코	+4코
3단	9코	
2단	9코	+3코
1단	6코	

귀 900　각 2장

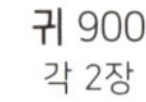

눈 900　각 2장

꼬리 850　각 1장

코 900　각 1장

※ 기초코의 실 끝을 길게 남겨 인중과 입의 스트레이트스티치에 사용한다.

※ 귀·눈·꼬리·코는 레이스바늘 0호(1.75mm)로 뜬다.

몸통 각 1장 코바늘 2/0호(2.0mm)

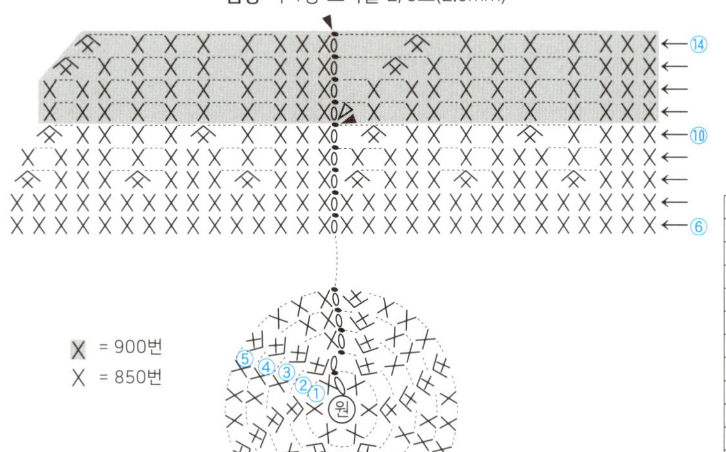

X = 900번
X = 850번

몸통 콧수표		
단수	콧수	증감
14단	16코	-2코
13단	18코	-2코
11·12단	20코	
10단	20코	-4코
9단	24코	
8단	24코	-6코
6·7단	30코	
5단	30코	+6코
4단	24코	+6코
3단	18코	+6코
2단	12코	+6코
1단	6코	

앞다리 } 각 2장 900
뒷다리 코바늘 2/0호(2.0mm)

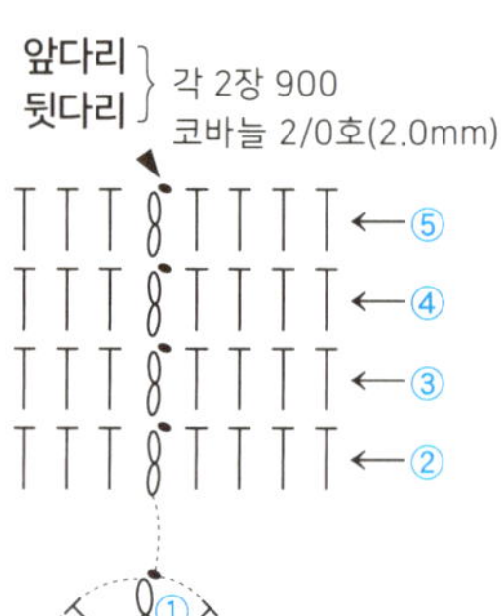

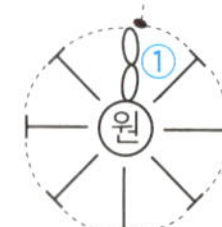

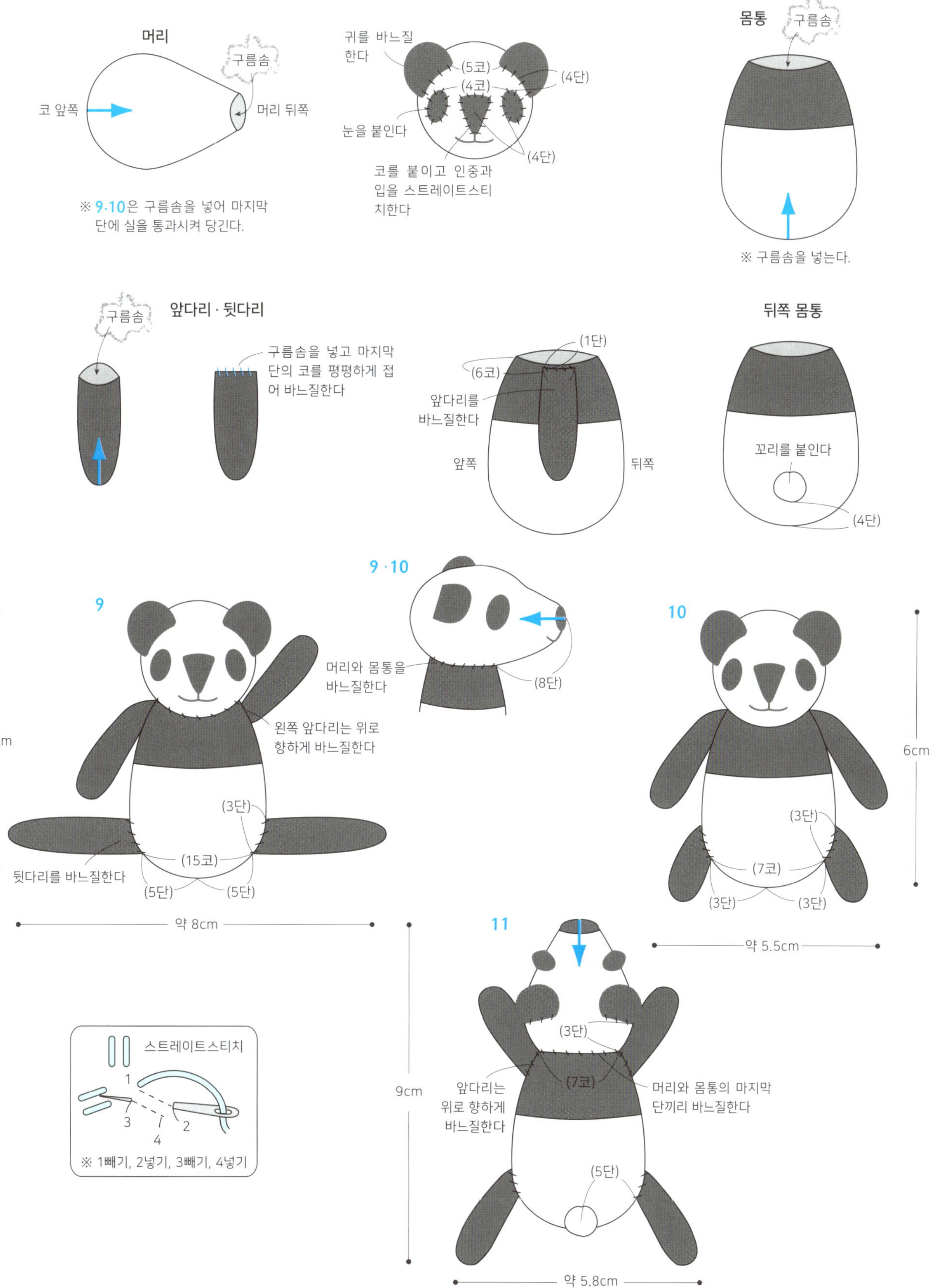
머리
구름솜
코 앞쪽
머리 뒤쪽
※ 9·10은 구름솜을 넣어 마지막 단에 실을 통과시켜 당긴다.
귀를 바느질한다
(5코)
(4코)
(4단)
눈을 붙인다
코를 붙이고 인중과 입을 스트레이트스티치한다
(4단)
몸통
구름솜
※ 구름솜을 넣는다.
구름솜
앞다리 · 뒷다리
구름솜을 넣고 마지막 단의 코를 평평하게 접어 바느질한다
(1단)
(6코)
앞다리를 바느질한다
앞쪽
뒤쪽
뒤쪽 몸통
꼬리를 붙인다
(4단)
9
6cm
약 8cm
뒷다리를 바느질한다
(15코)
(5단)
(5단)
(3단)
9 ·10
머리와 몸통을 바느질한다
왼쪽 앞다리는 위로 향하게 바느질한다
(8단)
10
6cm
약 5.5cm
(3단)
(7코)
(3단)
(3단)
11
9cm
약 5.8cm
앞다리는 위로 향하게 바느질한다
머리와 몸통의 마지막 단끼리 바느질한다
(3단)
(7코)
(5단)
스트레이트스티치
1
2
3
4
※ 1빼기, 2넣기, 3빼기, 4넣기

20

21

＊ how to make…22쪽
＊ design…후지타 도모코

22
zebra

20~22 얼룩말 photo→20쪽

✱ 25번 자수실

20: 아이보리색(850)…3타래   검은색(900)…3타래
하늘색 계열(3715A)…0.5타래
21: 아이보리색(850)…3타래   검은색(900)…3타래
노란색 계열(544)…0.5타래
22: 아이보리색(850)…3타래   검은색(900)…3타래
분홍색 계열(1085)…0.5타래

✱ 기타 재료
구름솜…적당량
시드 비즈 검은색…각 2개
✱ 바늘
레이스바늘 0호(1.75mm)

20~22 마무리하는 방법

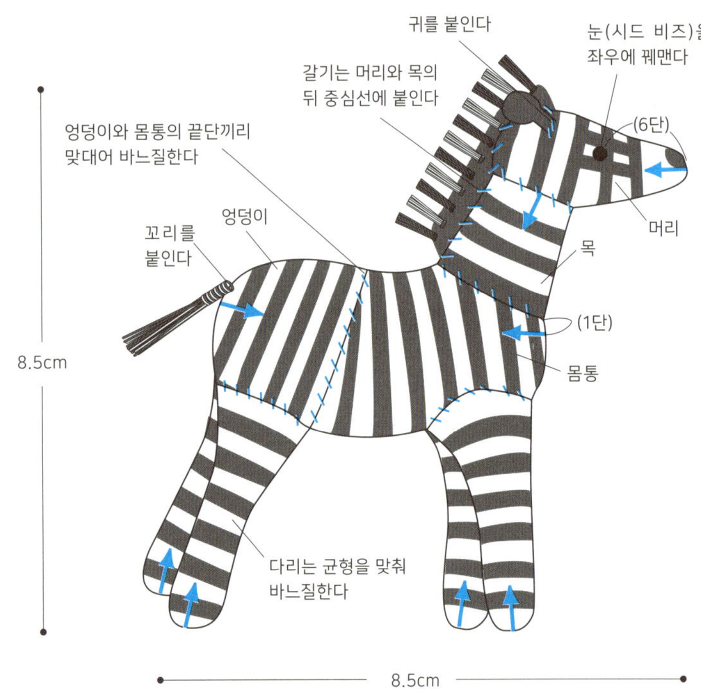

20~22 배색표

	20	21	22
머리·목·몸통·엉덩이·다리 ——	900		
머리·목·몸통·엉덩이·다리 ——	850		
귀	900		
갈기·꼬리	850·900		
꽃 장식	3715A	544	1085

귀
각 2장

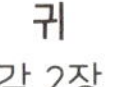

꽃 장식
각 2장

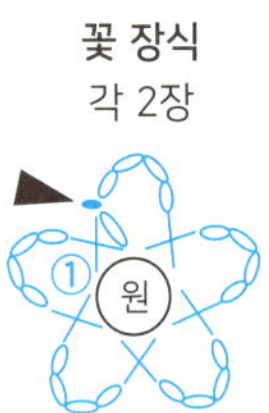

갈기
각 1장

갈기 마무리하는 방법

※ 술은 짧은뜨기의 머리(위에서 보면 사슬 모양)에 11개 만든다. 길이 약 3cm 실을 반으로 접어 짧은뜨기 사슬 안쪽에 실을 통과시켜 잡아당기고 실 끝을 잘라서 가지런히 정리한다.

꼬리 마무리하는 방법

① 실을 필요한 가닥 수만큼 잘라서 4가닥 실(★)에 2가닥 실(★)을 겹쳐 한쪽 끝은 그대로 두고 다른 한쪽 끝을 감는다.

② 아래 도안을 참고한다.

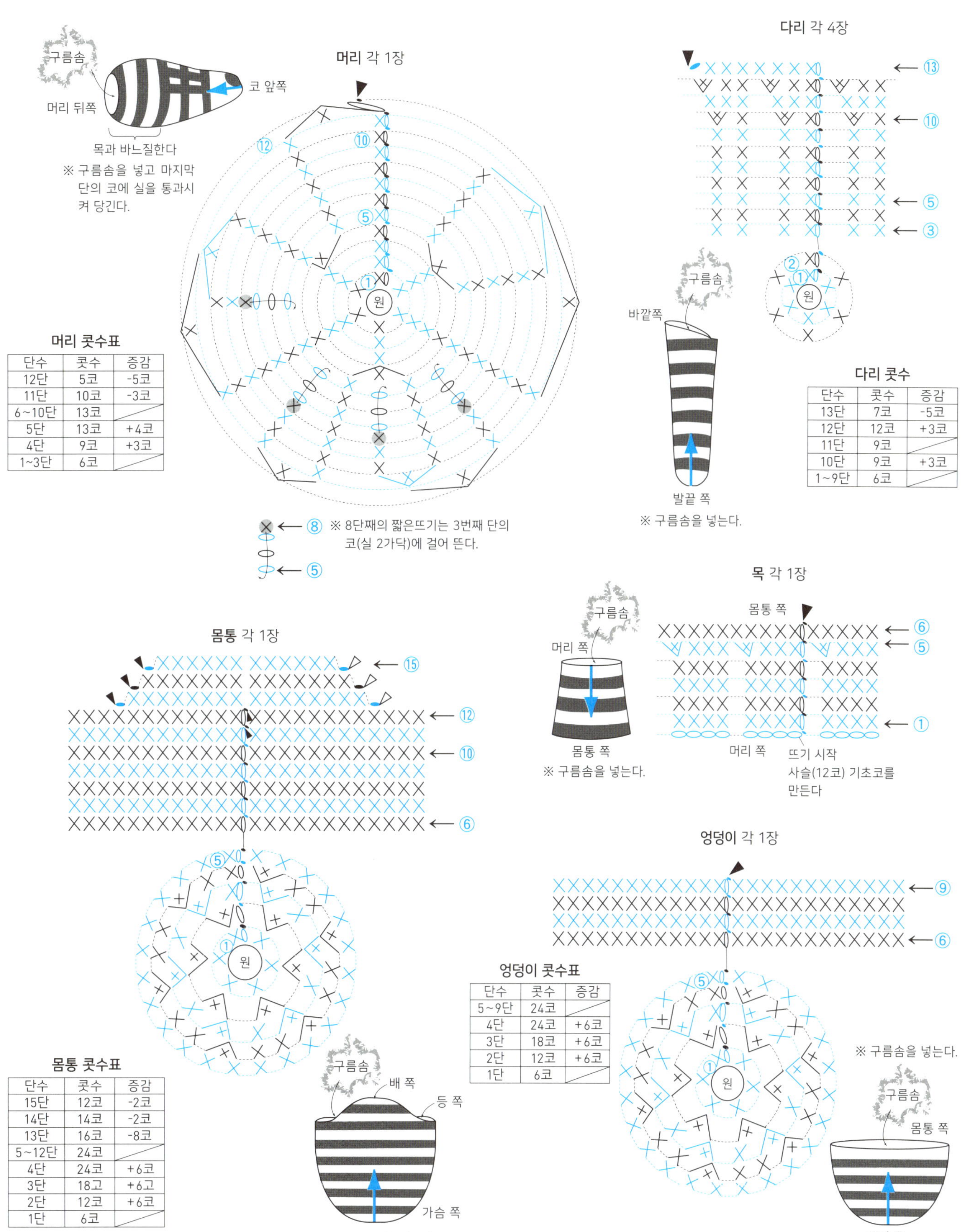

머리 콧수표

단수	콧수	증감
12단	5코	-5코
11단	10코	-3코
6~10단	13코	
5단	13코	+4코
4단	9코	+3코
1~3단	6코	

다리 콧수

단수	콧수	증감
13단	7코	-5코
12단	12코	+3코
11단	9코	
10단	9코	+3코
1~9단	6코	

몸통 콧수표

단수	콧수	증감
15단	12코	-2코
14단	14코	-2코
13단	16코	-8코
5~12단	24코	
4단	24코	+6코
3단	18코	+6코
2단	12코	+6코
1단	6코	

엉덩이 콧수표

단수	콧수	증감
5~9단	24코	
4단	24코	+6코
3단	18코	+6코
2단	12코	+6코
1단	6코	

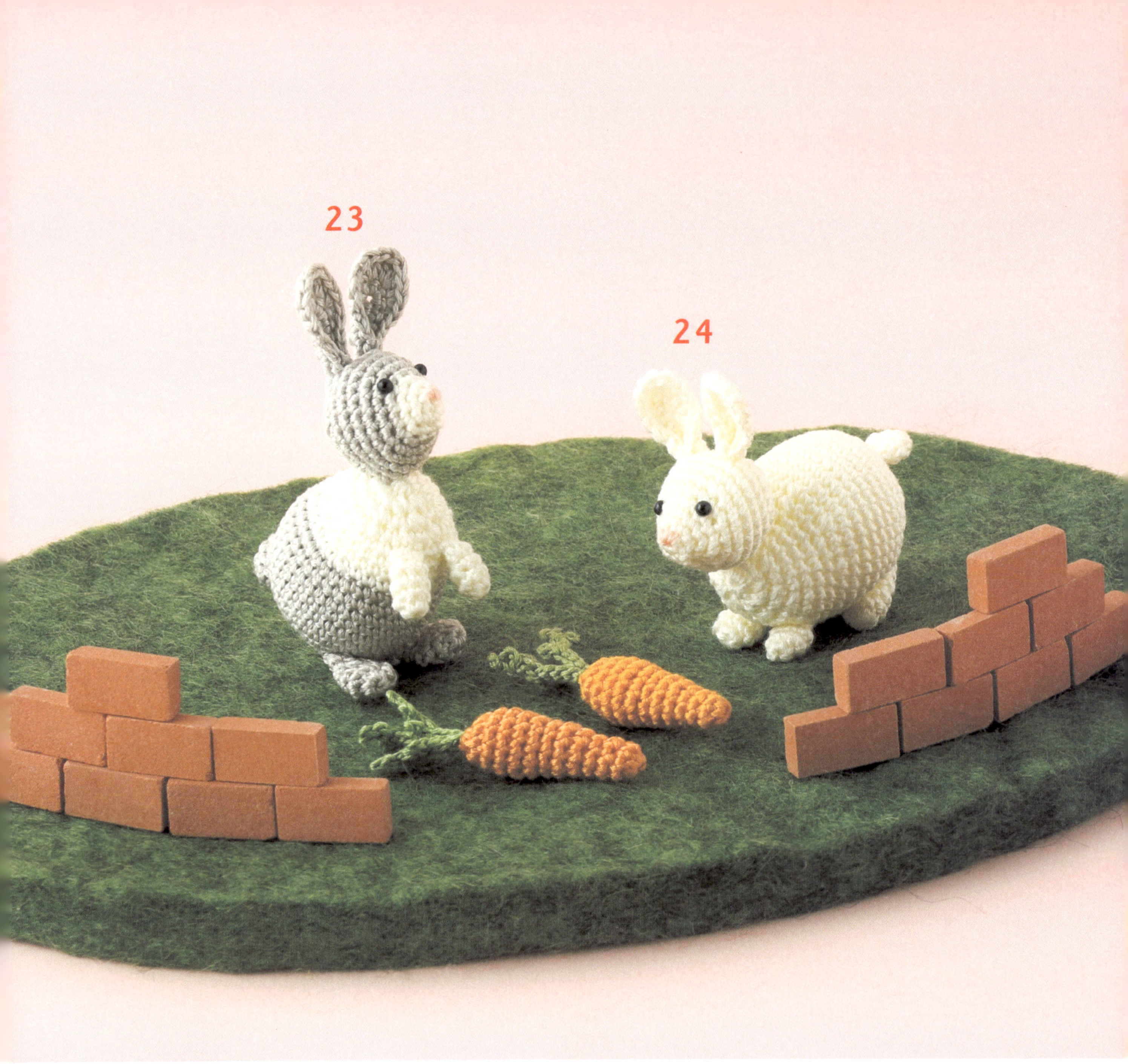

part 2

몸집이 작은 동물

작지만 재빠른 개구쟁이 동물들.

장난기 가득한 동글동글 눈이 사랑스러워요!

당근

27

28

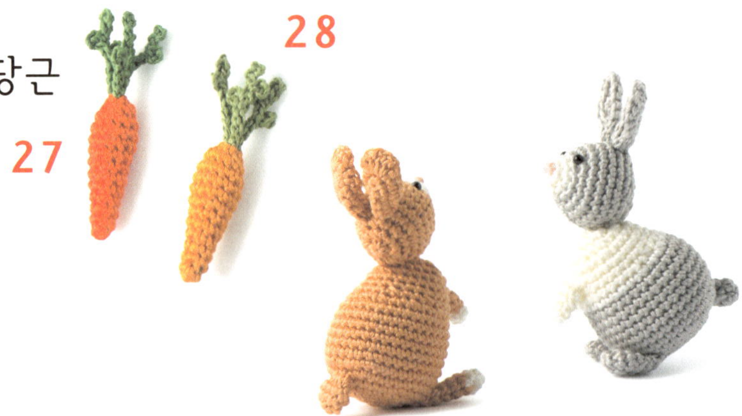

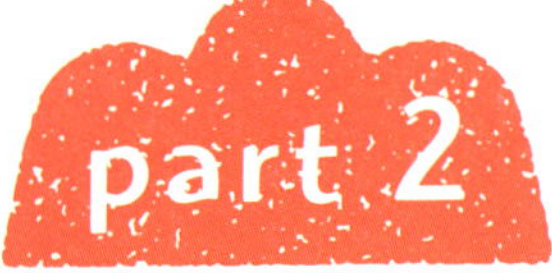

25

26

30

29

* how to make…26쪽
* design…마츠모토 가오루

23~30 토끼&당근　photo→24쪽

＊ 25번 자수실

23: 회색 계열(421)…2.5타래　　아이보리색(850)…1타래
분홍색 계열(140)…소량

24: 아이보리색(850)…3.5타래　　분홍색 계열(140)…소량

25: 갈색 계열(711)…3타래　　아이보리색(850)…0.5타래
오렌지색 계열(783)…소량

26: 베이지색 계열(813)…3.5타래　　오렌지색 계열(783)…소량

27: 오렌지색 계열(173)…0.5타래　　녹색 계열(275)…0.5타래

28: 오렌지색 계열(556)…0.5타래　　녹색 계열(212)…0.5타래

29: 오렌지색 계열(753)…0.5타래　　녹색 계열(274)…0.5타래

30: 오렌지색 계열(555)…0.5타래　　녹색 계열(2020)…0.5타래

＊ 기타 재료

구름솜…적당량

23~26: 하마나카 솔리드아이 블랙 3mm(H221-303-1)…각 1쌍

＊ 바늘

레이스바늘 0호(1.75mm)

머리 각 1장

머리 배색표

단수	23	24	25	26
4~12단	421	850	711	813
1~3단	850		850	

머리 콧수표

단수	콧수	증감
12단	8코	-4코
11단	12코	-6코
10단	18코	-6코
7~9단	24코	
6단	24코	+4코
5단	20코	+4코
4단	16코	+4코
3단	12코	+3코
2단	9코	+3코
1단	6코	

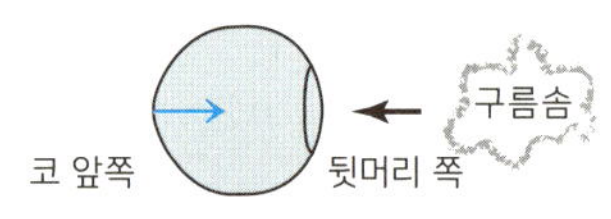

※ 구름솜을 넣고 마지막 단의 코에
실을 통과시켜 당긴다.

몸통 각 1장

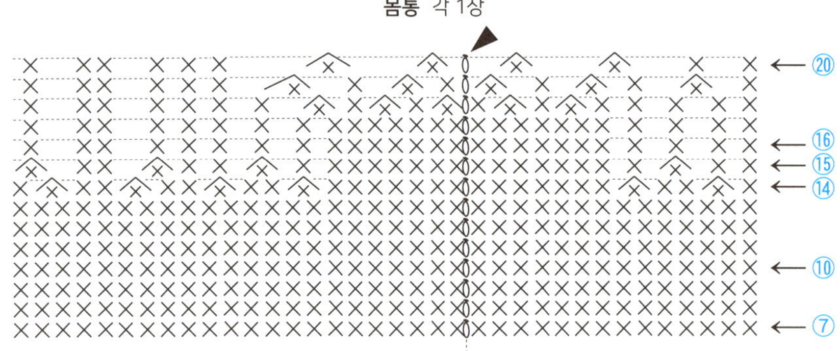

몸통 콧수표

단수	콧수	증감
20단	12코	-4코
19단	16코	-5코
18단	21코	-5코
16·17단	26코	
15단	26코	-4코
14단	30코	-6코
7~13단	36코	
6단	36코	+6코
5단	30코	+6코
4단	24코	+6코
3단	18코	+6코
2단	12코	+6코
1단	6코	

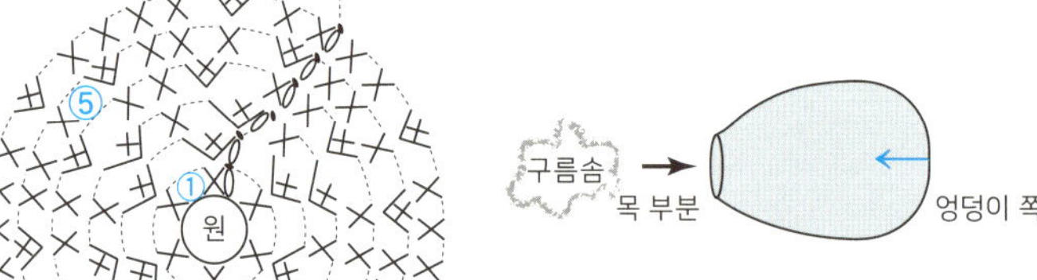

※ 구름솜을 넣고 마지막 단의 코에 실
을 통과시켜 당긴다.

몸통 배색표

단수	23	24	25	26
14·20단	850	850	711	813
1~13단	421			

앞다리 각 2장

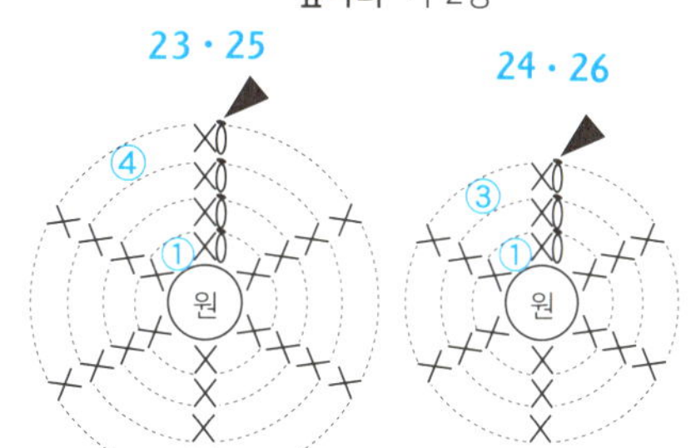

23·25 **24·26**

앞다리 배색표

단수	23	24	25	26
3·4단	850	850	711	813
1·2단			850	

뒷다리 배색표

단수	23	24	25	26
3~6단	421	850	711	813
1·2단			850	

뒷다리 각 2장

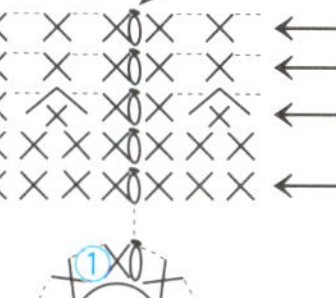

※ 앞다리와 뒷다리는 마지막 단을 평평하게 접어 바느질한다.

귀 각 2장

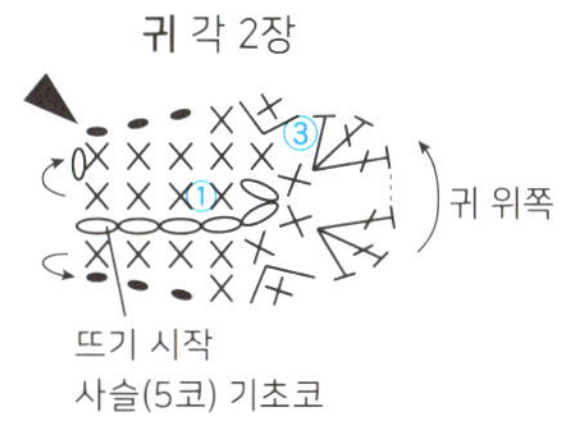

꼬리 각 1장

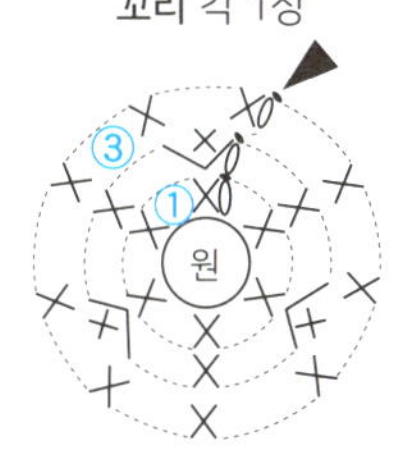

※ 마지막 단의 코에 실을 통과시켜 당긴다.

귀·꼬리 배색표

	23	24	25	26
귀				
꼬리	421	850	711	813

당근 각 1장

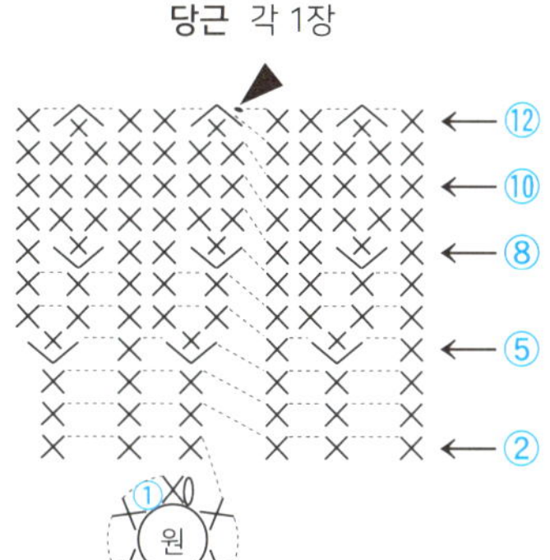
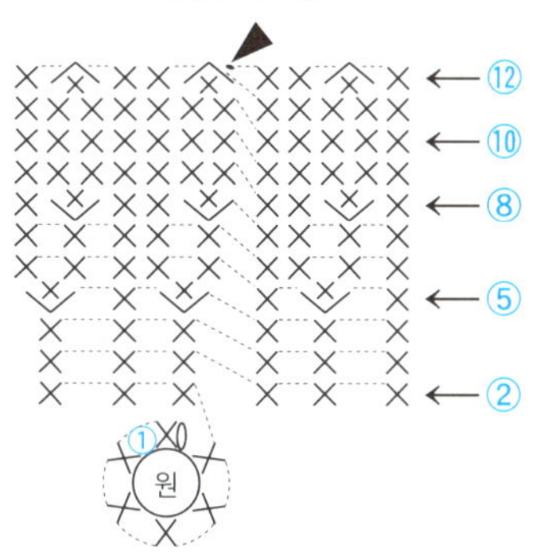
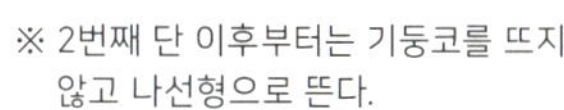

※ 2번째 단 이후부터는 기둥코를 뜨지 않고 나선형으로 뜬다.

잎 각 3장

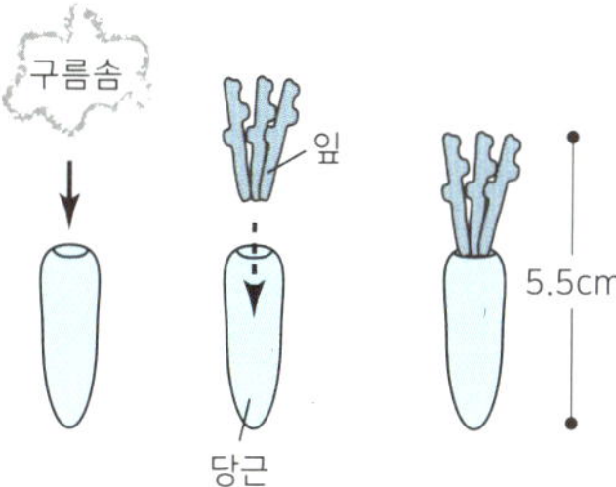

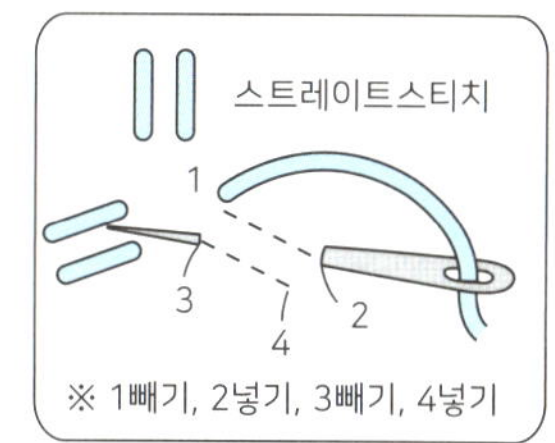

※ 구름솜을 조금 넣고 잎 3장을 넣어 바느질한다.

당근과 잎 배색표

	27	28	29	30
당근	173	556	753	555
잎	275	212	274	2020

코 스티치 배색표

	23	24	25	26
코	140	140	783	783

스트레이트스티치

※ 1빼기, 2넣기, 3빼기, 4넣기

23~26 마무리하는 방법

23·25

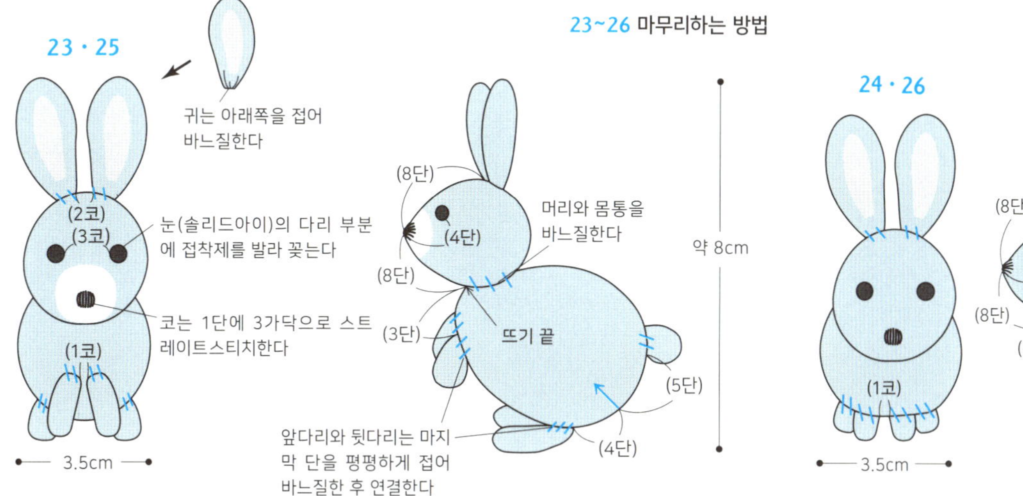

24·26

31 32

다람쥐

* how to make…30쪽, 43쪽
* design…마츠모토 가오루

squirrel

31~38 다람쥐&도토리 photo→28쪽

✻ 25번 자수실

31: 갈색 계열(723)…3.5타래　　갈색 계열(737)…2타래

32: 오렌지색 계열(783)…3타래　　갈색 계열(714)…2타래
갈색 계열(737)…소량

33: 갈색 계열(563)…3.5타래　　갈색 계열(575)…2타래
갈색 계열(737)…소량

34: 베이지색 계열(841)…3타래　　갈색 계열(825)…2타래
갈색 계열(737)…소량

35: 녹색 계열(212)…0.5타래　　갈색 계열(723)…0.5타래

36: 녹색 계열(235)…0.5타래　　갈색 계열(737)…0.5타래

37: 갈색 계열(778)…0.5타래　　갈색 계열(712)…0.5타래

38: 갈색 계열(743)…0.5타래　　갈색 계열(737)…0.5타래

✻ 기타 재료

구름솜…적당량

31~34: 하마나카 솔리드아이 블랙 3mm(H221-303-1)…각 1쌍

✻ 바늘

레이스바늘 0호(1.75mm)

※ 도토리 뜨는 방법은 43쪽을 참고하세요.

31·33 머리 각 1장

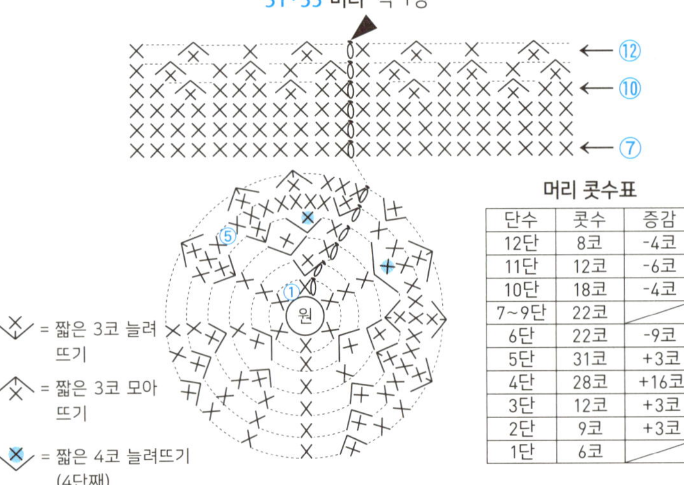

머리 콧수표

단수	콧수	증감
12단	8코	-4코
11단	12코	-6코
10단	18코	-4코
7~9단	22코	
6단	22코	-9코
5단	31코	+3코
4단	28코	+16코
3단	12코	+3코
2단	9코	+3코
1단	6코	

32·34 머리 각 1장

머리 콧수표

단수	콧수	증감
12단	8코	-4코
11단	12코	-6코
10단	18코	-4코
7~9단	22코	
6단	22코	+4코
5단	18코	+3코
4단	15코	+3코
3단	12코	+3코
2단	9코	+3코
1단	6코	

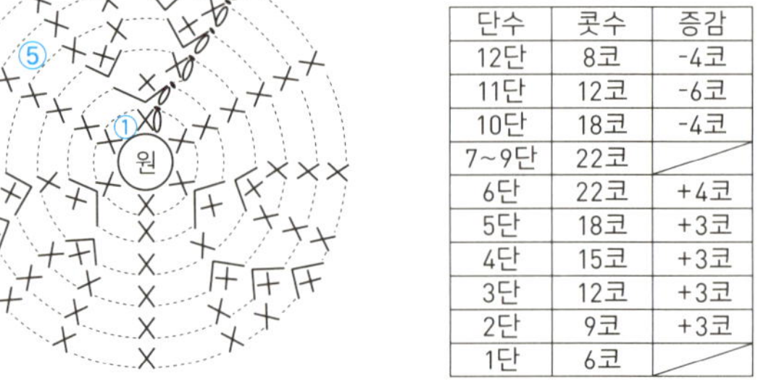

※ 구름솜을 넣고 마지막 단의 사슬코에
실을 통과시켜 당긴다.

몸통 각 1장

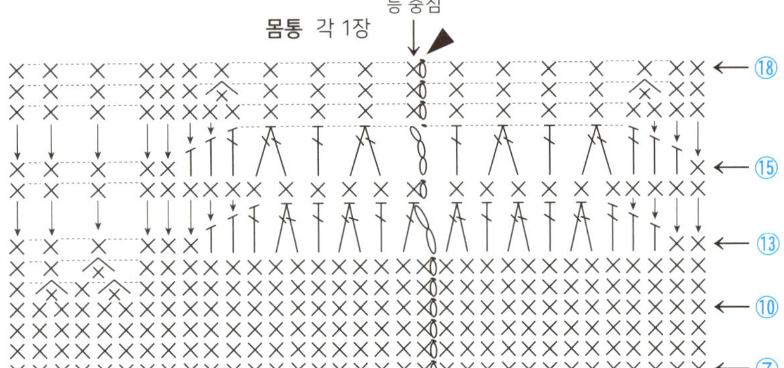

머리 · 몸통 · 앞다리 배색표

	31	32	33	34
머리 · 몸통 · 앞다리	723	783	563	841

몸통 콧수표

단수	콧수	증감
18단	18코	
17단	18코	-2코
16단	20코	
15단	20코	-4코
14단	24코	
13단	24코	-6코
12단	30코	-1코
11단	31코	-2코
7~10단	33코	
6단	33코	+3코
5단	30코	+6코
4단	24코	+6코
3단	18코	+6코
2단	12코	+6코
1단	6코	

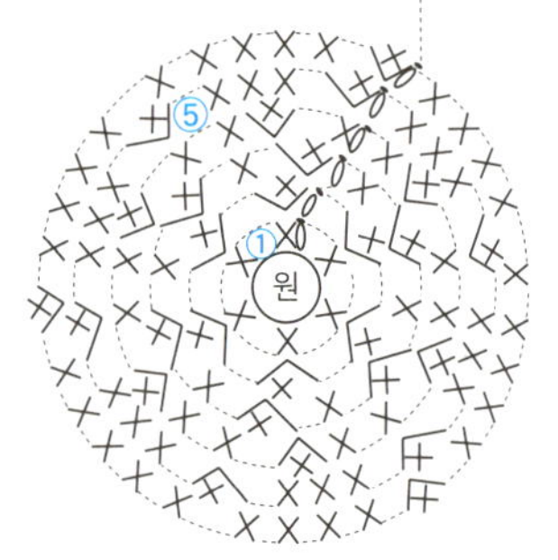

※ 구름솜을 넣는다.

앞다리 각 2장

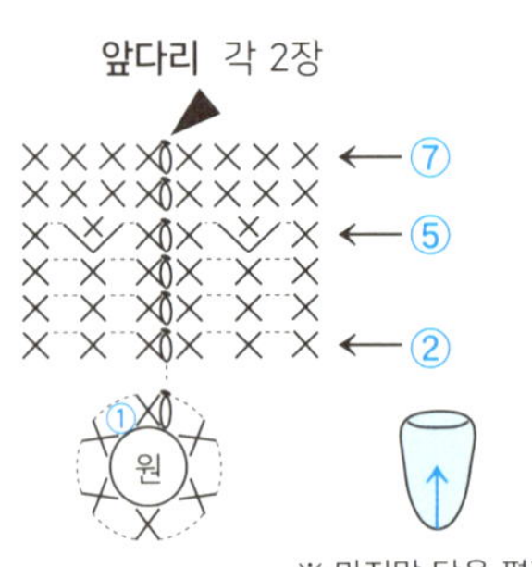

※ 마지막 단을 평평하게
접어 바느질한다.

뒷다리 각 2장

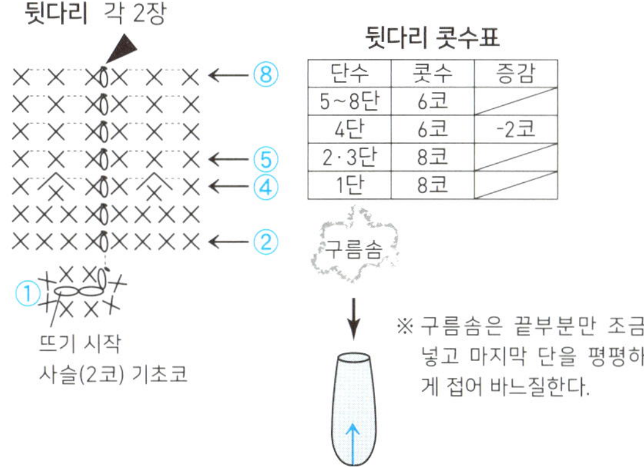

뒷다리 콧수표

단수	콧수	증감
5~8단	6코	
4단	6코	-2코
2·3단	8코	
1단	8코	

※ 구름솜은 끝부분만 조금 넣고 마지막 단을 평평하게 접어 바느질한다.

귀 각 2장

귀 앞쪽

등 중심 붙이는 위치

꼬리 각 1장

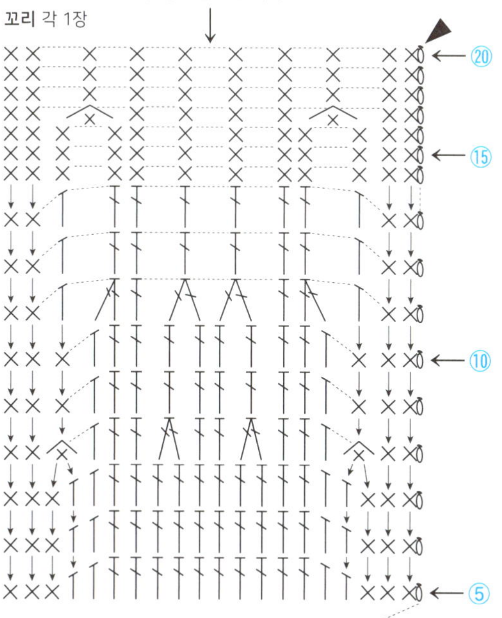

귀·꼬리·뒷다리 배색표

	31	32	33	34
귀·꼬리	737	714	575	825
뒷다리	723	783	563	841

꼬리 콧수표

단수	콧수	증감
18~20단	10코	
17단	10코	-2코
12~16단	12코	
11단	12코	-4코
9·10단	16코	
8단	16코	-4코
5~7단	20코	
4단	20코	+4코
3단	16코	+4코
2단	12코	+6코
1단	6코	

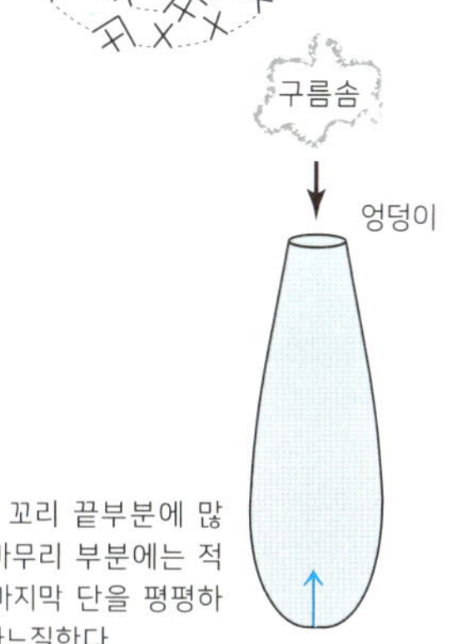

※ 구름솜은 꼬리 끝부분에 많이 넣고 마무리 부분에는 적게 넣어 마지막 단을 평평하게 접어 바느질한다.

등의 줄무늬 각 1장

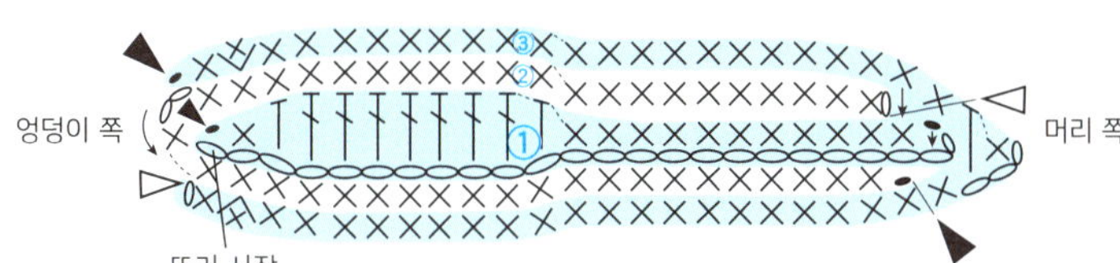

등의 줄무늬 배색표

기호	31	32	33	34
——	723	783	563	841
——	737	714	575	825

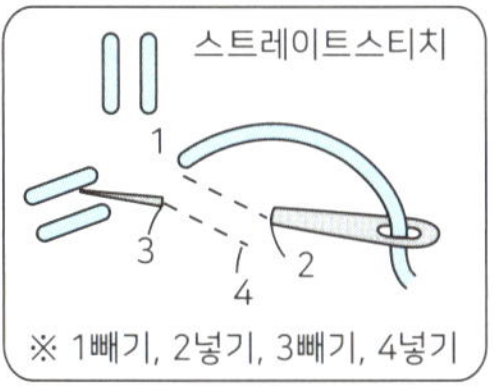

31~34 마무리하는 방법

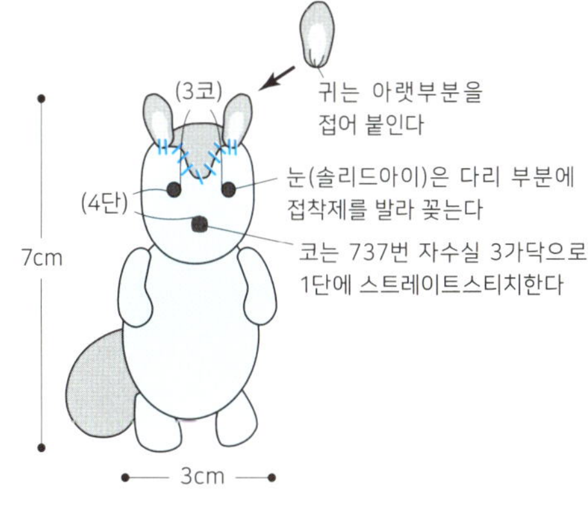

31·34

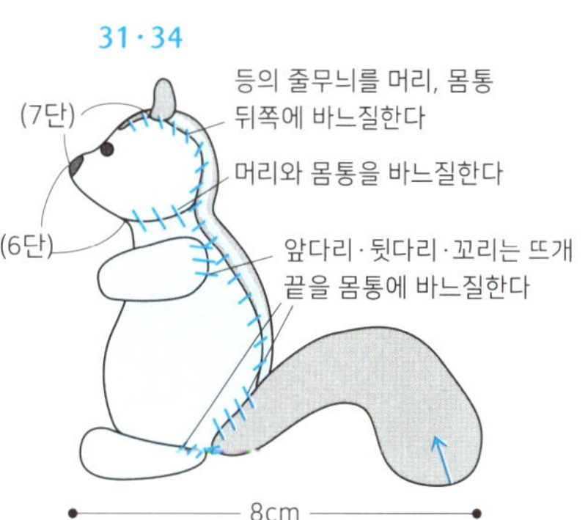

32·33

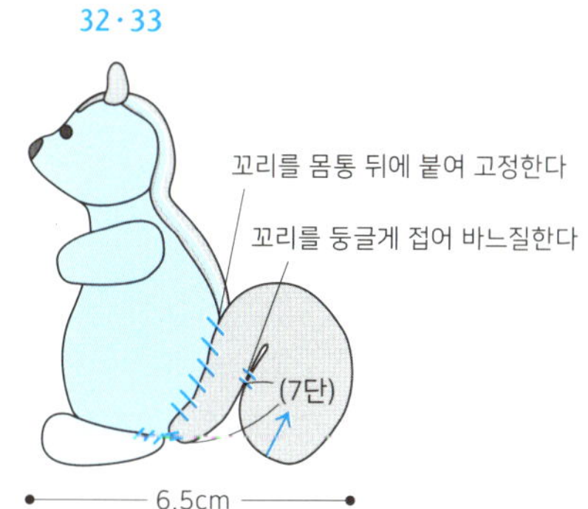

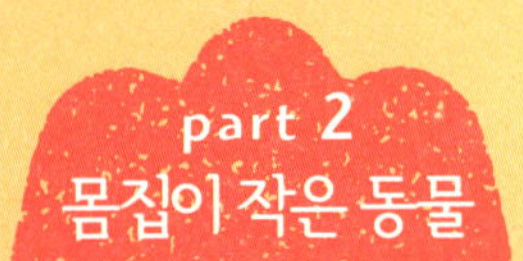

hedgehog

39

40

41

42

고슴도치

* how to make…67쪽
* design…다케다 히로코

lunch box belt

monkey
43
44
45
원숭이
*how to make…34쪽
*design…다케다 히로코

43~45 원숭이

photo→33쪽

✽ 25번 자수실

43: 갈색 계열(785)…3.5타래　　오렌지색 계열(751)…1타래
분홍색 계열(127)…0.5타래　　검은색(900)…0.5타래
아이보리색(850)…소량
44: 오렌지색 계열(556)…3.5타래　　오렌지색 계열(751)…1타래
분홍색 계열(127)…0.5타래　　검은색(900)…0.5타래
아이보리색(850)…소량　　갈색 계열(785)…소량

45: 오렌지색 계열(1053)…3.5타래　　오렌지색 계열(751)…1타래
분홍색 계열(127)…0.5타래　　검은색(900)…0.5타래
아이보리색(850)…소량　　갈색 계열(785)…소량
✽ 기타 재료
구름솜…적당량
✽ 바늘
코바늘 2/0호(2.0mm)

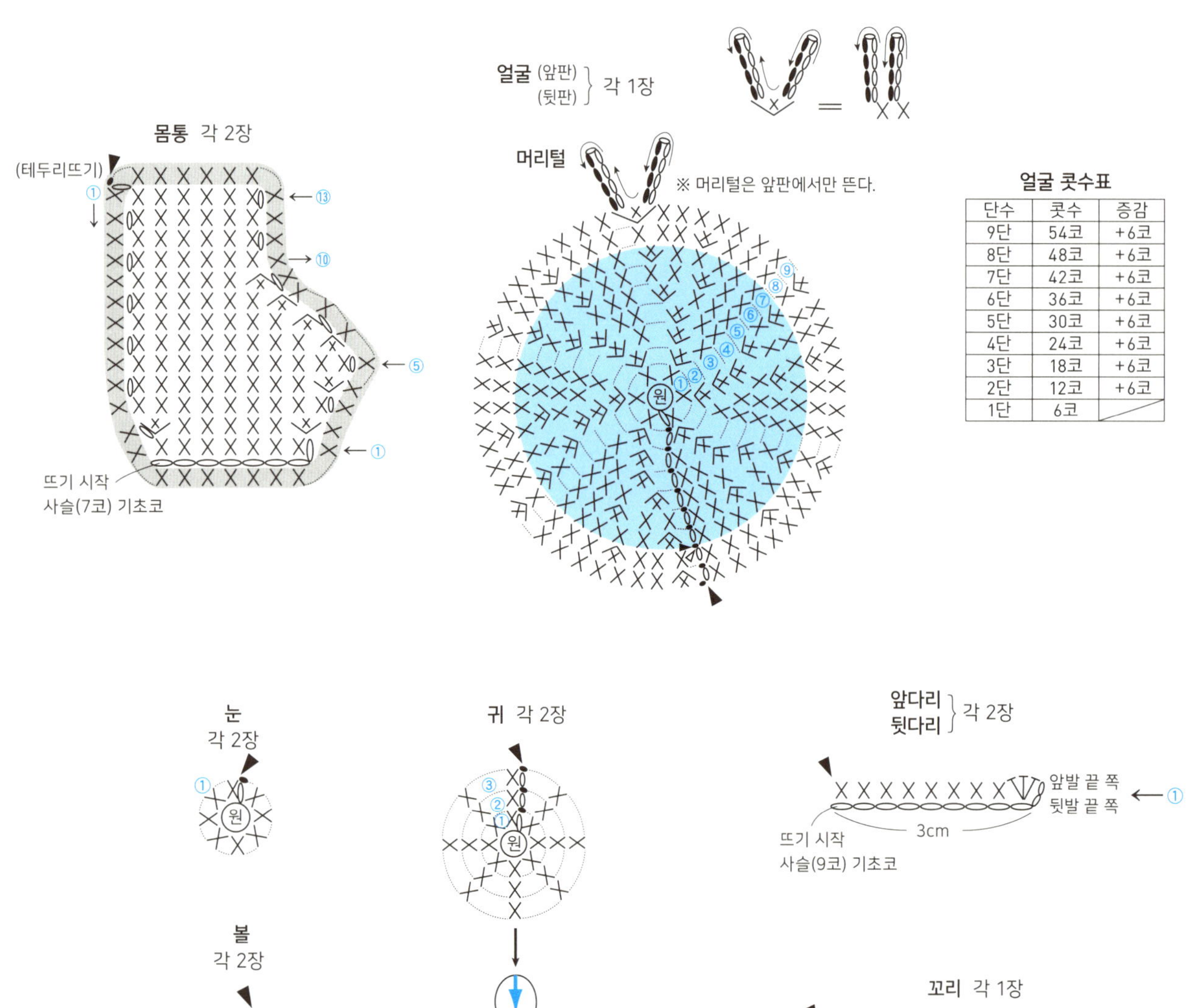

얼굴 콧수표

단수	콧수	증감
9단	54코	+6코
8단	48코	+6코
7단	42코	+6코
6단	36코	+6코
5단	30코	+6코
4단	24코	+6코
3단	18코	+6코
2단	12코	+6코
1단	6코	

43~45 마무리하는 방법

얼굴

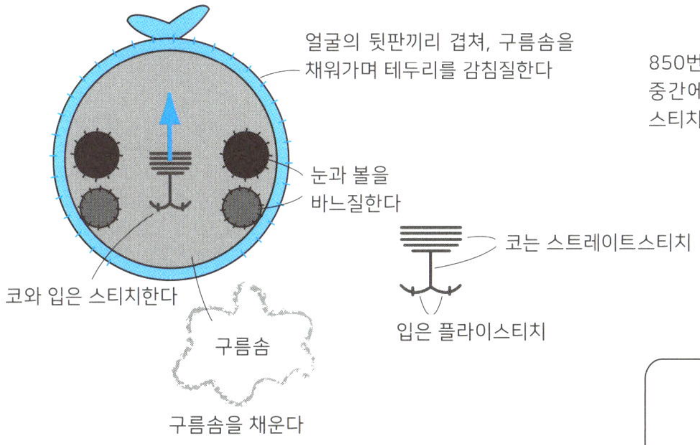

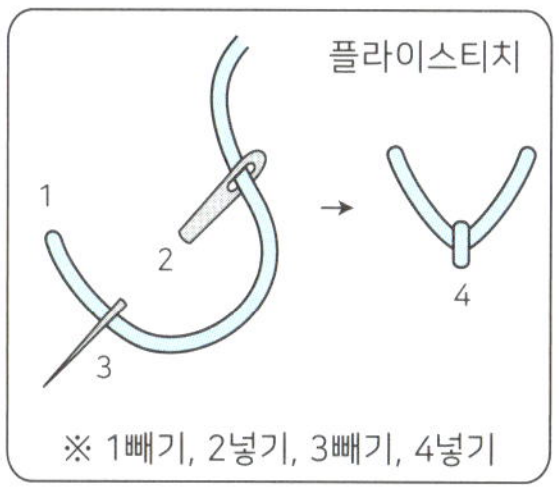

얼굴의 뒷판끼리 겹쳐, 구름솜을 채워가며 테두리를 감침질한다
눈과 볼을 바느질한다
코와 입은 스티치한다
코는 스트레이트스티치
입은 플라이스티치
구름솜
구름솜을 채운다

(8코)
(9코)
850번 자수실로 눈 중간에 스트레이트 스티치한다
눈 주위를 850번 자수실로 2번 두른 후, 4곳에 고정한다
귀를 바느질한다

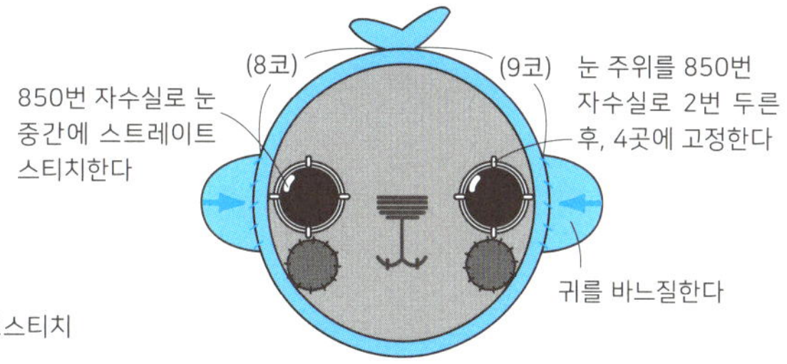

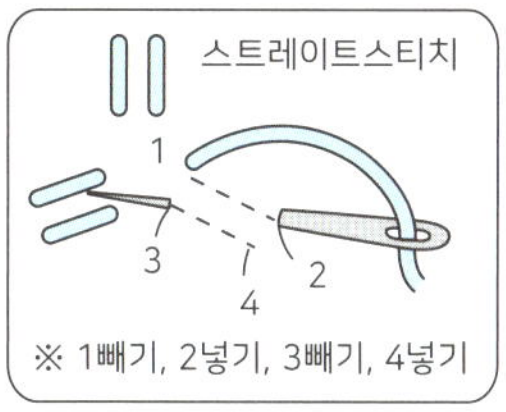

스트레이트스티치
1
2
3
4
※ 1빼기, 2넣기, 3빼기, 4넣기

플라이스티치
1
2
3
4
※ 1빼기, 2넣기, 3빼기, 4넣기

몸통

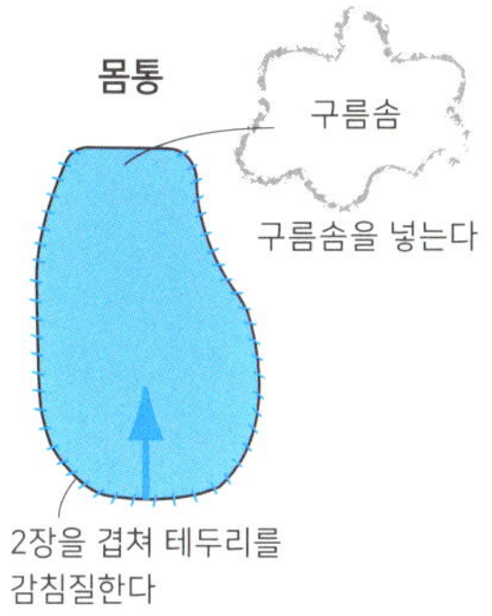

구름솜
구름솜을 넣는다
2장을 겹쳐 테두리를 감침질한다

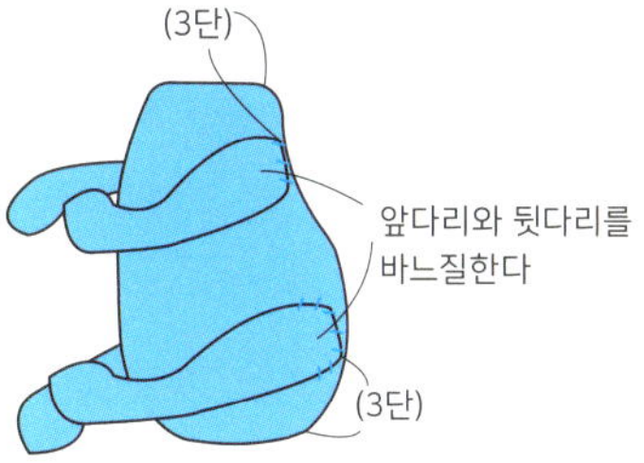

(3단)
앞다리와 뒷다리를 바느질한다
(3단)

43~45 배색표

	43	44	45
얼굴(뒷판)·몸통	785	556	1053
얼굴(앞판) —	751		
얼굴(앞판) —	785	556	1053
귀·앞뒷다리·꼬리	785	556	1053
볼	127		
코·입 스티치	785		
눈	900		

43

9.5cm
얼굴과 몸을 바느질한다
꼬리를 바느질한다
(6단)
6cm

44·45

(1단)
꼬리를 바느질한다

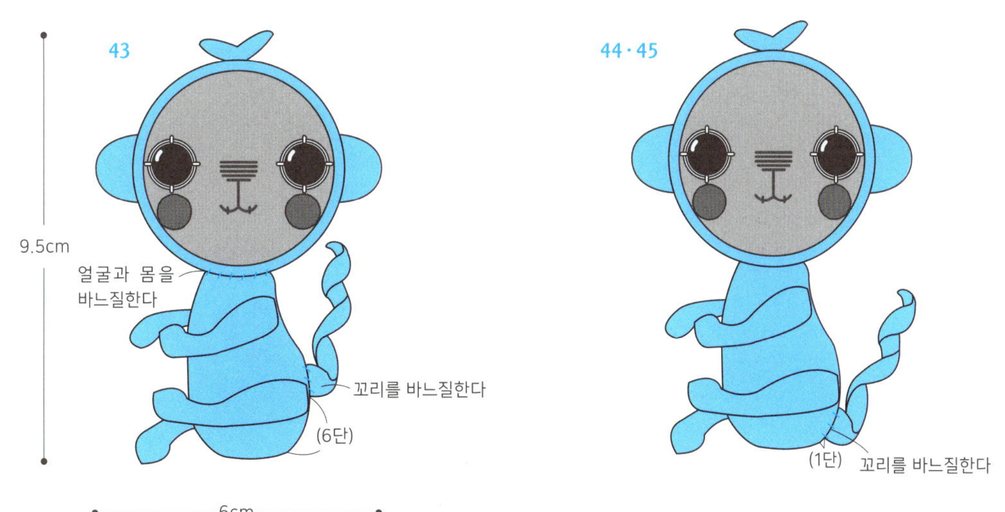

47

46

48

* how to make…38쪽
* design…마츠모토 가오루

part 3

초식동물과 육식동물

보들보들 귀여운 초식동물과 우락부락해도 멋진 육식동물.
동물원에 가면 두 종의 동물들을 모두 만날 수 있어요!

sheep

* how to make…39쪽
* design…마츠모토 가오루

46~48 아기 사슴 photo→36쪽

✱ 25번 자수실

46: 오렌지색 계열(783)…3타래　베이지색 계열(731)…0.5타래
갈색 계열(739)…소량

47: 갈색 계열(737)…3타래　베이지색 계열(841)…0.5타래
갈색 계열(739)…소량

48: 갈색 계열(516)…3타래　베이지색 계열(731)…0.5타래
갈색 계열(739)…소량

✱ 기타 재료

구름솜…적당량

하마나카 솔리드아이 블랙 3mm(H221-303-1)…각 1쌍

✱ 바늘

레이스바늘 0호(1.75mm)

※ 좌우 몸통과 배의 표시(☆★♡♥)끼리 맞추어 바느질한다.

※ 배의 ◉(기둥코) 표시=바느질할 때 이 코를 건져 올릴 때는 좌우 몸통 쪽은 다리를 연결한 실과, 코 앞쪽 부분의 바느질한 실을 건져 올린다.

※ 19단까지 떴다면 계속해서 가장자리를 빙 둘러 테두리를 뜨고 오른쪽 몸의 테두리는 뜨개바탕의 안면을 보면서 뜬다.

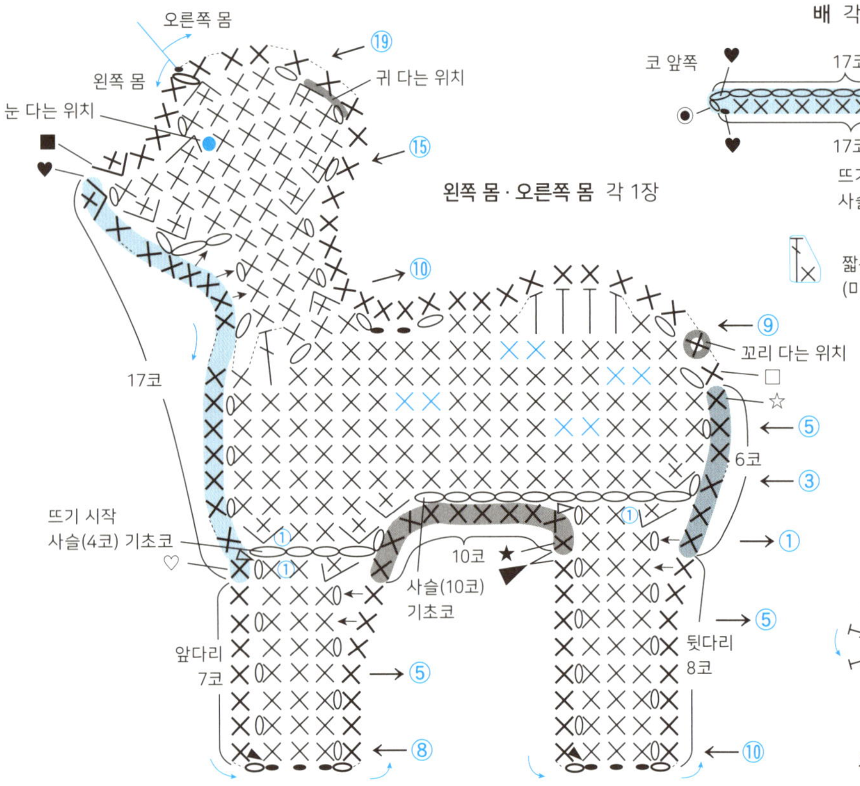

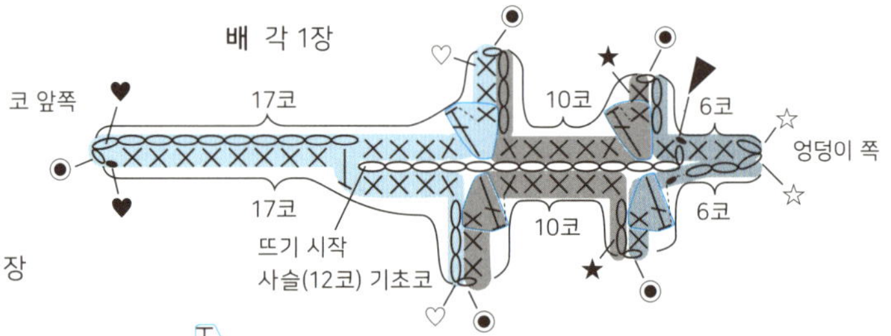

왼쪽 몸 · 오른쪽 몸 각 1장
오른쪽 몸
왼쪽 몸
눈 다는 위치
귀 다는 위치
⑲
⑮
⑩
⑨
꼬리 다는 위치
□
☆
⑤
③
①
6코
17코
뜨기 시작
사슬(4코) 기초코
♡
10코
★
사슬(10코)
기초코
앞다리
7코
뒷다리
8코
⑧
⑩

배 각 1장
코 앞쪽
17코
10코
6코
엉덩이 쪽
17코
10코
6코
뜨기 시작
사슬(12코) 기초코

짧은뜨기와 한길 긴뜨기 2코 모아뜨기
(미완성의 짧은뜨기와 한길 긴뜨기를 뜨고 마지막에 한 번에 빼낸다)

46~48 배색표

	46	47	48
귀·꼬리	783	737	516
코 스티치	739		
배	731	841	731

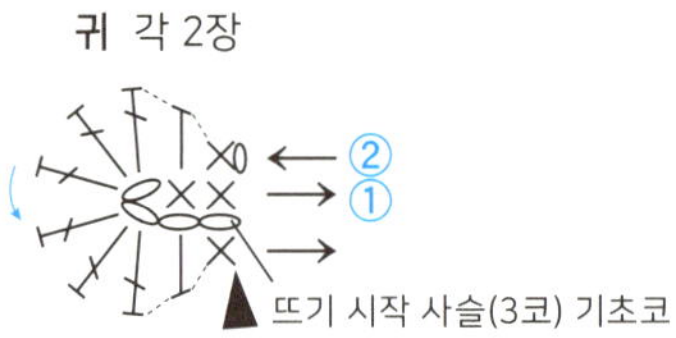

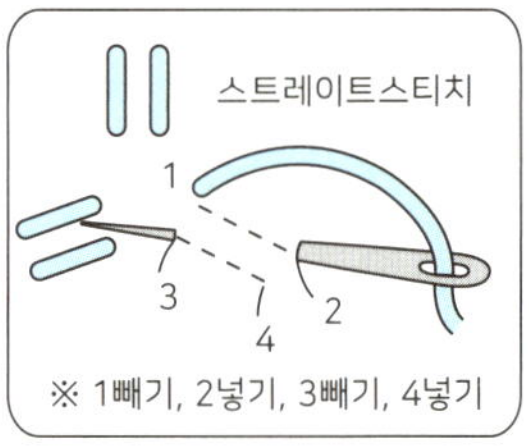

귀 각 2장
②
①
뜨기 시작 사슬(3코) 기초코

꼬리 각 1장
①
원

스트레이트스티치
1
2
3
4
※ 1빼기, 2넣기, 3빼기, 4넣기

왼쪽 몸, 오른쪽 몸 배색표

	46	47	48
—·—	783	737	516
—	731	841	731

46~48 마무리하는 방법(6쪽 참조)

좌우 몸통과 배 연결하는 순서(6쪽 참조)

① 다리 4개를 각각 감침질해 털실을 채운다.

② 왼쪽 몸과 오른쪽 몸을 맞추어 엉덩이(□)부터 시작해 등, 머리, 코끝(■)까지 등쪽을 바느질한다.

③ 왼쪽 몸과 배를 바느질한다. 배와 왼쪽 몸의 ☆끼리 맞추어 엉덩이 6코를 바느질한다.

④ ★끼리 겹쳐 다음의 10코를 바느질한다.

⑤ ♡끼리 겹쳐 다음의 17코를 바느질한다. 코끝의 ♥가 끝으로 왼쪽 몸과 배가 연결된 상태가 된다. 계속해서 오른쪽 몸도 같은 요령으로 바느질한다.

눈(솔리드아이)의 다리 부분
에 접착제를 발라 꽂는다
코는 3가닥으로
스트레이트스티치한다
귀를 붙인다
꼬리를 붙인다
8cm
7cm

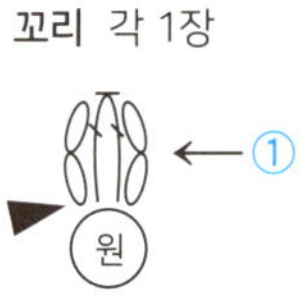

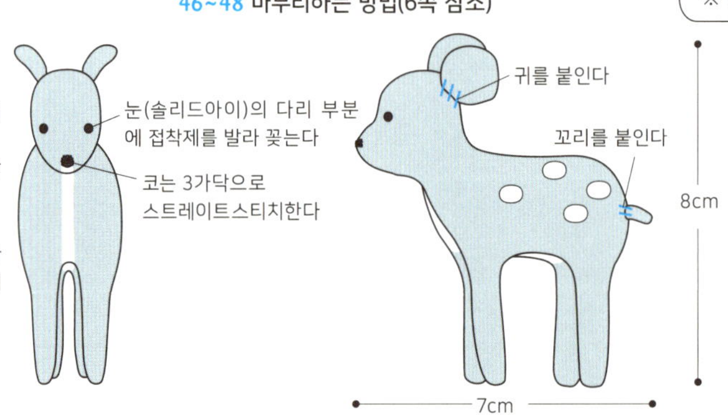

49~51 양

photo→37쪽

*** 25번 자수실**
49 베이지색 계열(815)···3.5타래　회색 계열(416)···0.5타래
50 아이보리색(850)···3.5타래　회색 계열(416)···0.5타래
51 갈색 계열(842)···3.5타래　회색 계열(416)···0.5타래

*** 기타 재료**
구름솜···적당량
*** 바늘**
레이스바늘 0호(1.75mm)

얼굴 각 1장

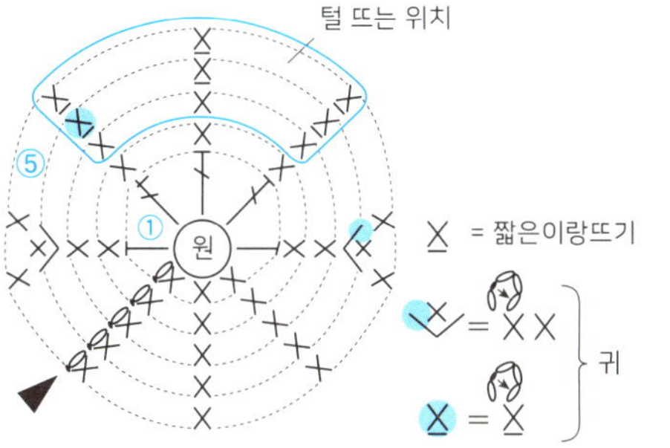

털 뜨는 위치

＝ 짧은이랑뜨기

귀

※ 귀는 '사슬 3코, 빼뜨기, 사슬 1코'로 피콧뜨기한다.
다음 단을 뜰 때는 피콧을 앞으로 젖혀 코를 줍는다.

몸통 각 1장

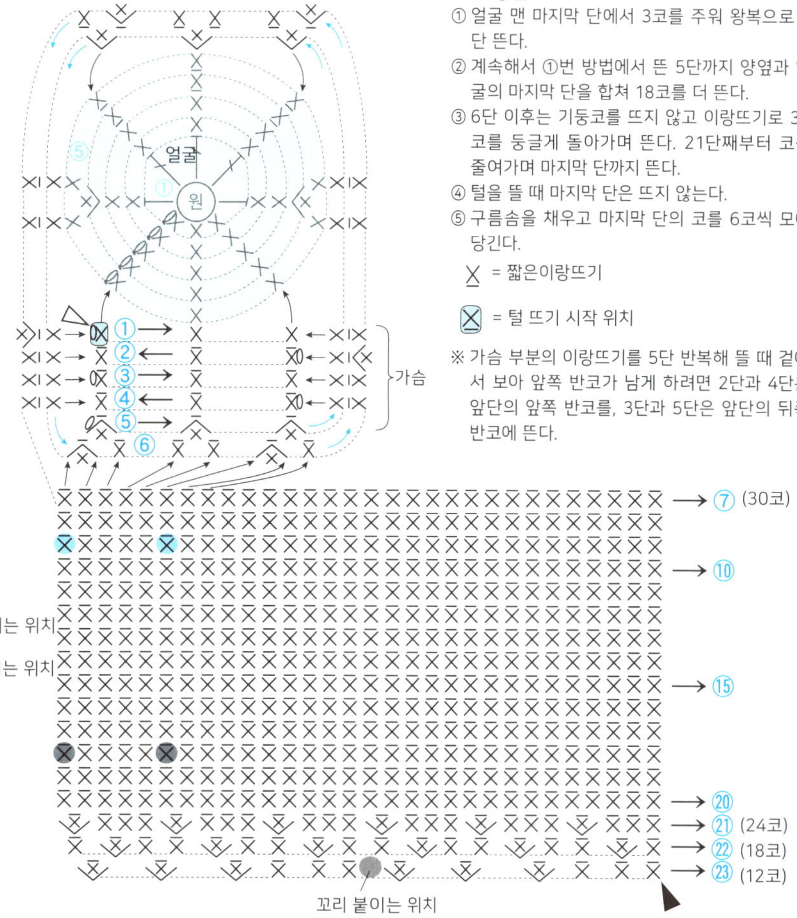

얼굴
원
가슴

뜨는 방법

① 얼굴 맨 마지막 단에서 3코를 주워 왕복으로 5단 뜬다.
② 계속해서 ①번 방법에서 뜬 5단까지 양옆과 얼굴의 마지막 단을 합쳐 18코를 더 뜬다.
③ 6단 이후는 기둥코를 뜨지 않고 이랑뜨기로 30코를 둥글게 돌아가며 뜬다. 21단째부터 코를 줄여가며 마지막 단까지 뜬다.
④ 털을 뜰 때 마지막 단은 뜨지 않는다.
⑤ 구름솜을 채우고 마지막 단의 코를 6코씩 모아 당긴다.

✕ ＝ 짧은이랑뜨기

⊠ ＝ 털 뜨기 시작 위치

※ 가슴 부분의 이랑뜨기를 5단 반복해 뜰 때 겉에서 보아 앞쪽 반코가 남게 하려면 2단과 4단은 앞단의 앞쪽 반코를, 3단과 5단은 앞단의 뒤쪽 반코에 뜬다.

⑦ (30코)
⑩
⑮
⑳
㉑ (24코)
㉒ (18코)
㉓ (12코)

⊠ ＝ 앞다리 붙이는 위치
⊗ ＝ 뒷다리 붙이는 위치

꼬리 붙이는 위치

다리 각 4장

뜨기 시작 사슬(4코) 기초코

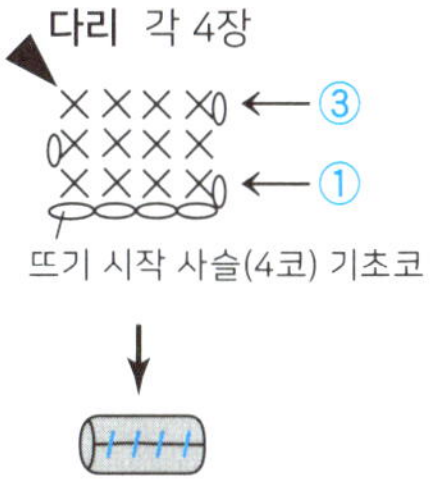

※ 시작과 끝단은 겉면에서 감침질한다.

머리털 뜨는 방법(5쪽 참조)

5단
4단 ⎬ 머리
3단

머리

※ 머리의 3~5단에 뜬다.

몸털 뜨는 방법(5쪽 참조)

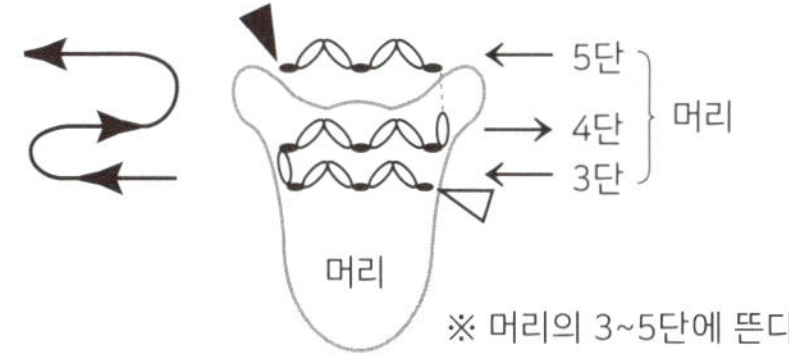

머리

가슴

몸통을 빙 둘러 뜬다

※ 가슴과 몸의 이랑뜨기의 사슬 반코를 주워 털을 뜬다.

꼬리 각 1장

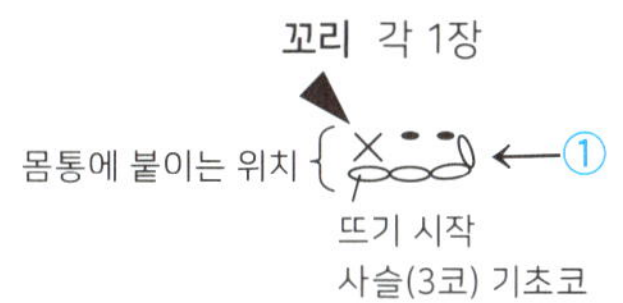

몸통에 붙이는 위치

뜨기 시작 사슬(3코) 기초코

49~51 배색표

	49	50	51
얼굴·다리·꼬리	416		
몸통·털	815	850	842

49~51 마무리하는 방법

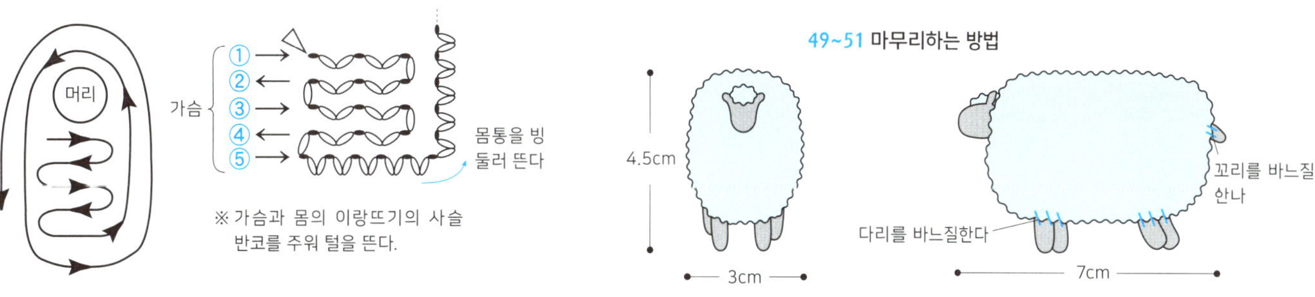

4.5cm

3cm

7cm

다리를 바느질한다

꼬리를 바느질한다

lion

52

53

54

사자

* how to make…42쪽
* design…후지타 도모코

* how to make…43쪽
* design…후지타 도모코

52~54 사자　photo→40쪽

✱ 25번 자수실

52: 갈색 계열(516)…2타래　노란색 계열(521)…1타래
노란색 계열(551)…0.5타래　갈색 계열(737)…소량
53: 노란색 계열(512)…2타래　노란색 계열(551)…1타래
노란색 계열(520)…0.5타래　갈색 계열(737)…소량
54: 갈색 계열(565)…2타래　노란색 계열(562)…1타래
노란색 계열(561)…0.5타래　갈색 계열(737)…소량

✱ 기타 재료

구름솜…적당량
하마나카 캐츠아이 골드 7.5mm(H220-207-8)…각 1쌍

✱ 바늘

코바늘 2/0호(2.0mm)

뒤쪽 얼굴 각 1장

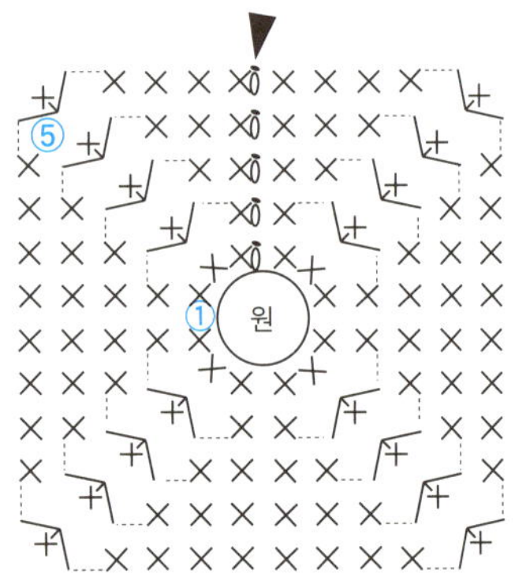

앞쪽 얼굴 각 1장

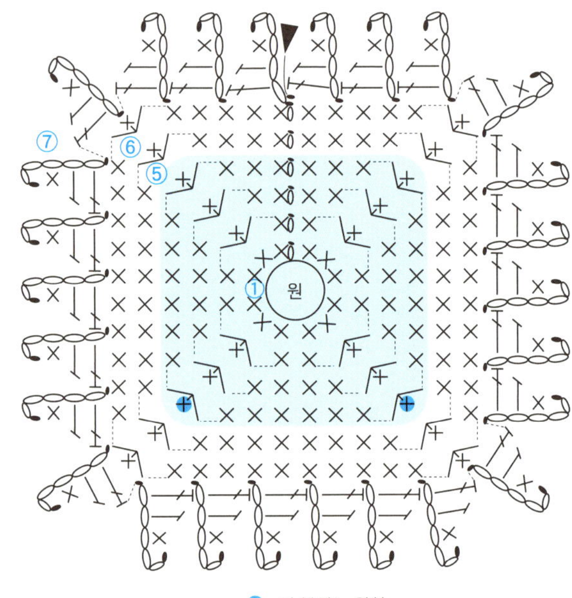

얼굴 뜨는 방법

① 뒤쪽 얼굴을 도안처럼 5단 뜬다.
② 앞쪽 얼굴도 5단까지 뜨고 안면끼리 겹쳐 2
　장을 같이 떠 6단을 만든다. 6단을 뜨다가
　구름솜을 넣는다.
③ 계속해서 한 바퀴를 둘러 뜨면서 7단을 완
　성한다.

앞뒤 얼굴 콧수표

단수	콧수	증감
6단	52코	+8코
5단	44코	+8코
4단	36코	+8코
3단	28코	+8코
2단	20코	+8코
1단	12코	

귀 각 2장

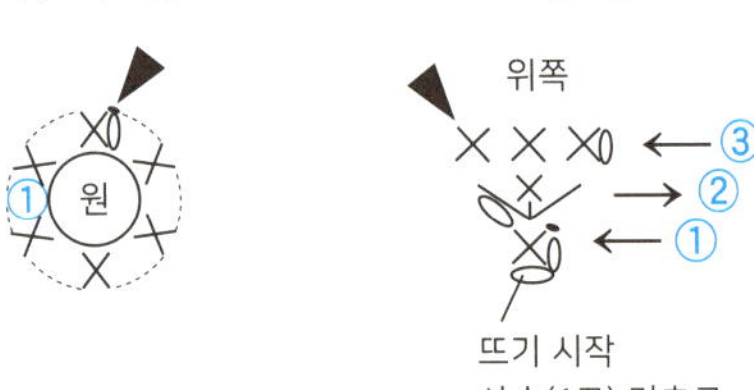

코 각 1장

위쪽

뜨기 시작
사슬(1코) 기초코

52~54 배색표

		52	53	54
앞쪽	5~7단	516	512	565
얼굴	1~4단	521	551	562
뒤쪽 얼굴		516	512	565
귀		521	551	562
코			737	
주둥이		551	520	561

주둥이 각 2장

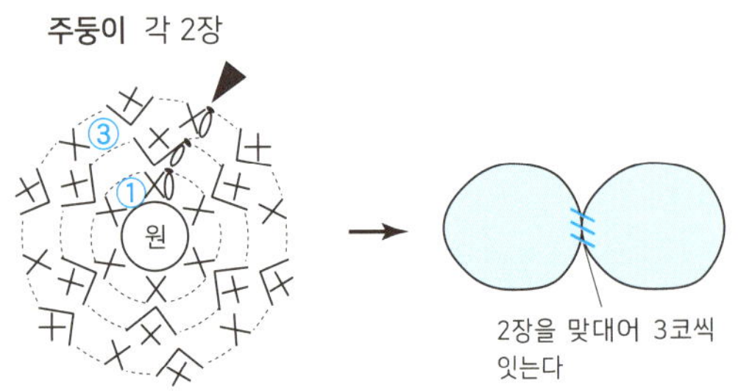

2장을 맞대어 3코씩
잇는다

52~54 마무리하는 방법

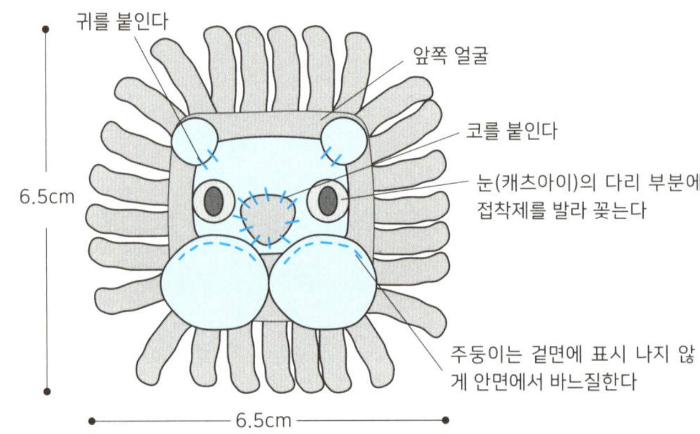

55~57 치타 photo→41쪽

*** 25번 자수실**

55: 갈색 계열(712)…2.5타래　검은색(900)…1타래
56: 갈색 계열(514)…2.5타래　검은색(900)…1타래
57: 갈색 계열(723)…2.5타래　검은색(900)…1타래

*** 기타 재료**

구름솜…적당량
하마나카 캐츠아이 블루 펄 7.5mm(H220-207-22)…각 1쌍

*** 바늘**

코바늘 2/0호(2.0mm)

앞쪽 얼굴　각 1장

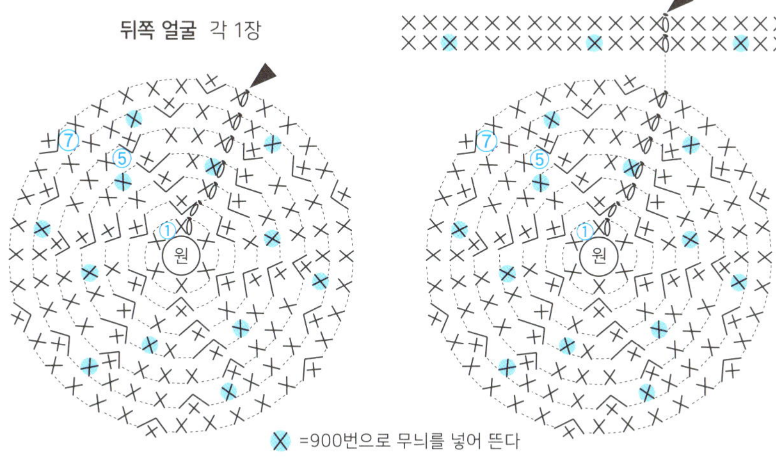

뒤쪽 얼굴　각 1장

X =900번으로 무늬를 넣어 뜬다

앞뒤 얼굴 콧수표

단수	콧수	증감
8·9단	42코	
7단	42코	+6코
6단	36코	+6코
5단	30코	+6코
4단	24코	+6코
3단	18코	+6코
2단	12코	+6코
1단	6코	

얼굴 뜨는 방법

① 뒤쪽 얼굴을 도안처럼 7단까지 뜬다.
② 앞쪽 얼굴은 9단까지 뜬다.
③ 2장을 안면끼리 겹친 다음 구름솜을 넣고 가장자리를 감침질한다.

52~54 배색표

	52	53	54
얼굴·이마·귀	712	514	723
코		900	
얼굴 스티치		900	

※ 얼굴 X = 900번으로 무늬를 넣어 뜬다.

이마　각 1장　　코　각 1장　　귀　각 2장

위쪽

뜨기 시작
사슬(1코) 기초코

코 쪽　　　귀 앞쪽

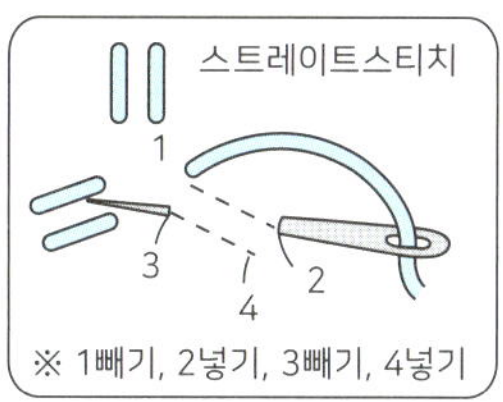

스트레이트스티치

※ 1빼기, 2넣기, 3빼기, 4넣기

52~54 마무리하는 방법

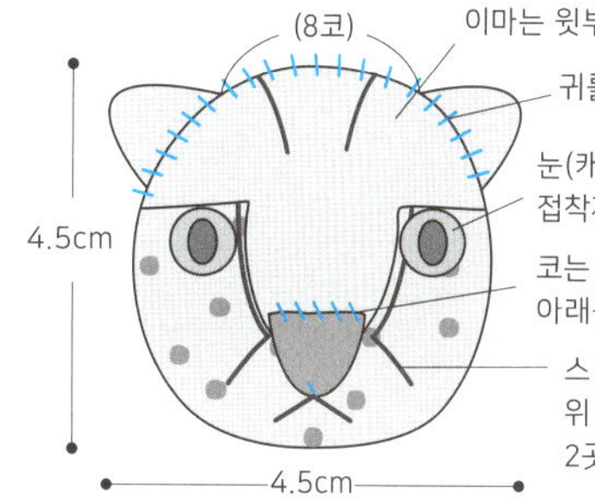

※ 30쪽에서 이어집니다.

도토리

깍정이　　　열매

35~38 배색표

	35	36	37	38
깍정이	723	235	778	743
열매	212	738	712	737

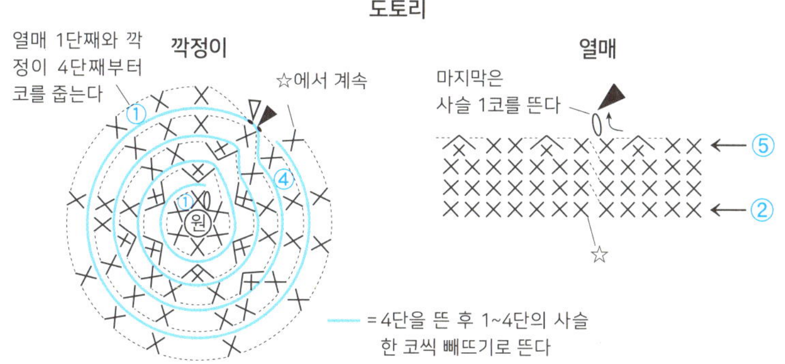

열매 1단째와 깍정이 4단째부터 코를 줍는다

☆에서 계속

마지막은 사슬 1코를 뜬다

= 4단을 뜬 후 1~4단의 사슬 한 코씩 빼뜨기로 뜬다

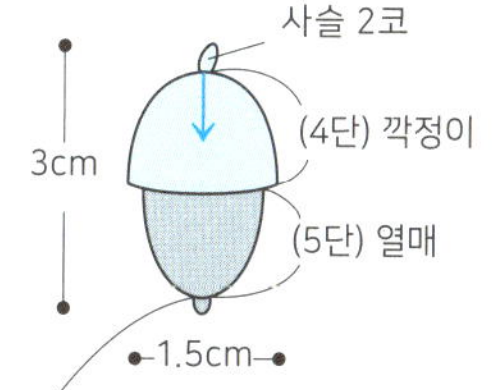

※구름솜을 넣고 5단째에 실 끝을 통과시켜 당긴다.

※ 뜨기 시작 실을 15cm 정도 남겨 사슬 2코를 뜬다.
※ 깍정이는 2~4단, 열매는 1~5단을 기둥코를 세우지 않고 나선형으로 뜬다.

crocodile

58

59

60

61

62

part 4

물가에 사는 동물

커다란 입과 날카로운 이빨을 가진 물가의 왕 악어.
그 옆에는 거북이 예쁜 등딱지를 자랑하고 있어요.

악어

* how to make···46쪽
* design···이마무라 요우코

63

64

65

66

67

거북

* how to make…68쪽
* design…이마무라 요우코

58~62 악어   photo→44쪽

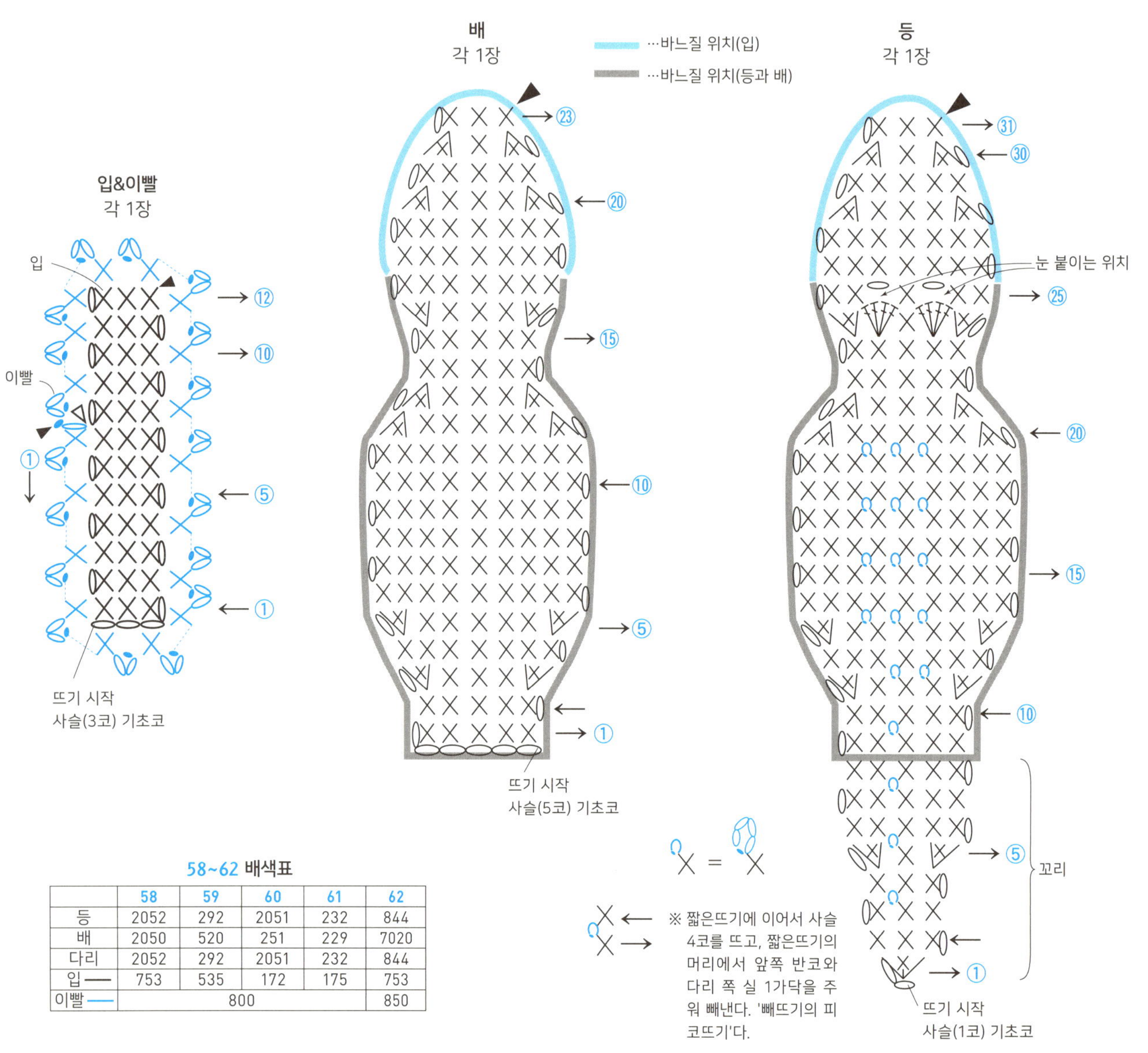

58~62 배색표

	58	59	60	61	62
등	2052	292	2051	232	844
배	2050	520	251	229	7020
다리	2052	292	2051	232	844
입	753	535	172	175	753
이빨	800				850

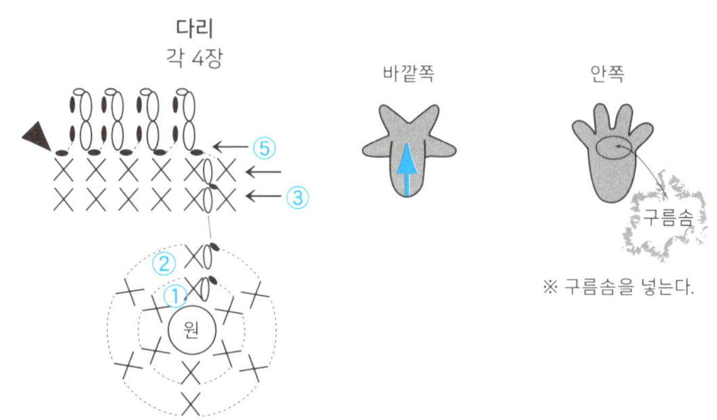

58~62 마무리하는 방법

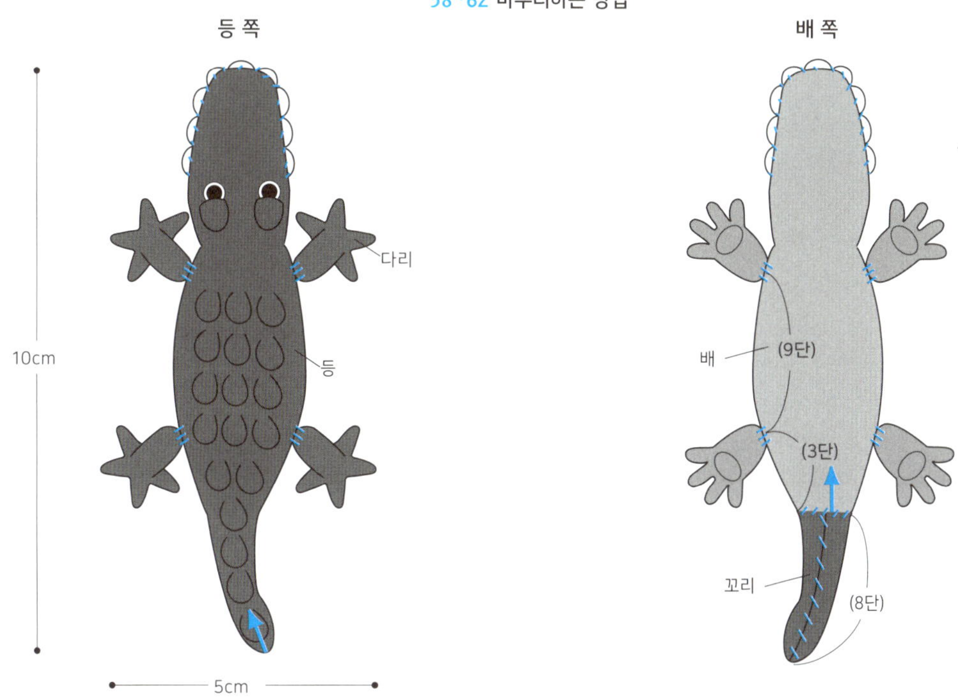

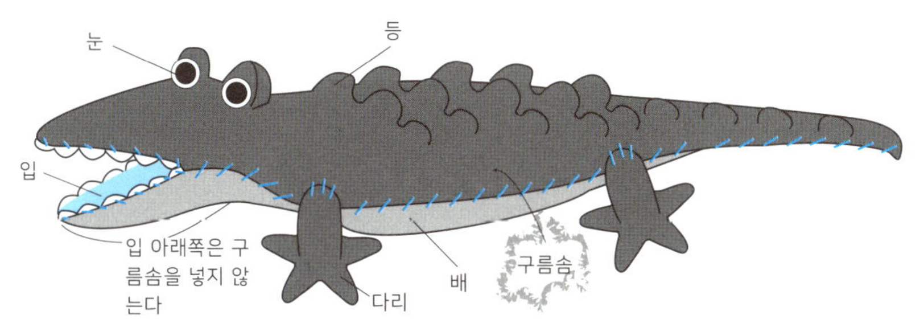

마무리하는 순서
① 등과 배를 안면끼리 겹쳐 연결하고
   꼬리의 양 옆을 바느질한다.
② 구름솜은 ① 안에 채운다.
③ 등과 배의 바느질하는 위치에 입을
   겹쳐서 맞춘 뒤 바느질한다.
④ 다리를 붙인다.
⑤ 눈(크리스틸아이)의 다리 부분에 접
   착제를 발라 꽂는다.

몸빛이 화려한 새

알록달록한 빛깔을 뽐내는 새들의 경연.
그 화려함에 넋을 잃고 바라보게 돼요!

68

69 70

71

72

작은 앵무새

* how to make…50쪽
* design…오오마치 마키

parakeet

68~76 작은 앵무새 photo→48쪽

❋ 25번 자수실

68: 분홍색 계열(1119)…1.5타래　　회색 계열(485)…1타래
오렌지색 계열(524)…0.5타래　　흰색(800)…소량
69: 노란색 계열(501)…1.5타래　　녹색 계열(274)…1타래
오렌지색 계열(524)…0.5타래　　흰색(800)…소량
70: 오렌지색 계열(172)…1.5타래　　녹색 계열(263)…1타래
오렌지색 계열(524)…0.5타래　　흰색(800)…소량
71: 흰색(800)…1.5타래　　청색 계열(392)…1타래
오렌지색 계열(524)…0.5타래
72: 보라색 계열(3051)…1.5타래　　보라색 계열(135)…1타래
오렌지색 계열(524)…0.5타래　　흰색(800)…소량
73: 노란색 계열(544)…1.5타래　　흰색(800)…1타래
오렌지색 계열(524)…0.5타래

74: 녹색 계열(2502)…1.5타래　　적색 계열(190)…1타래
오렌지색 계열(524)…0.5타래　　흰색(800)…소량
75: 하늘색 계열(371A)…1.5타래　　청색 계열(393)…1타래
오렌지색 계열(524)…0.5타래　　흰색(800)…소량
76: 분홍색 계열(1085)…1.5타래　　녹색 계열(220)…1타래
오렌지색 계열(524)…0.5타래　　흰색(800)…소량

❋ 기타 재료
구름솜…적당량
하마나카 솔리드아이 블랙 4mm(H221-304-1)…각 1쌍
❋ 바늘
코바늘 2/0호(2mm)

머리&몸통　각 1장

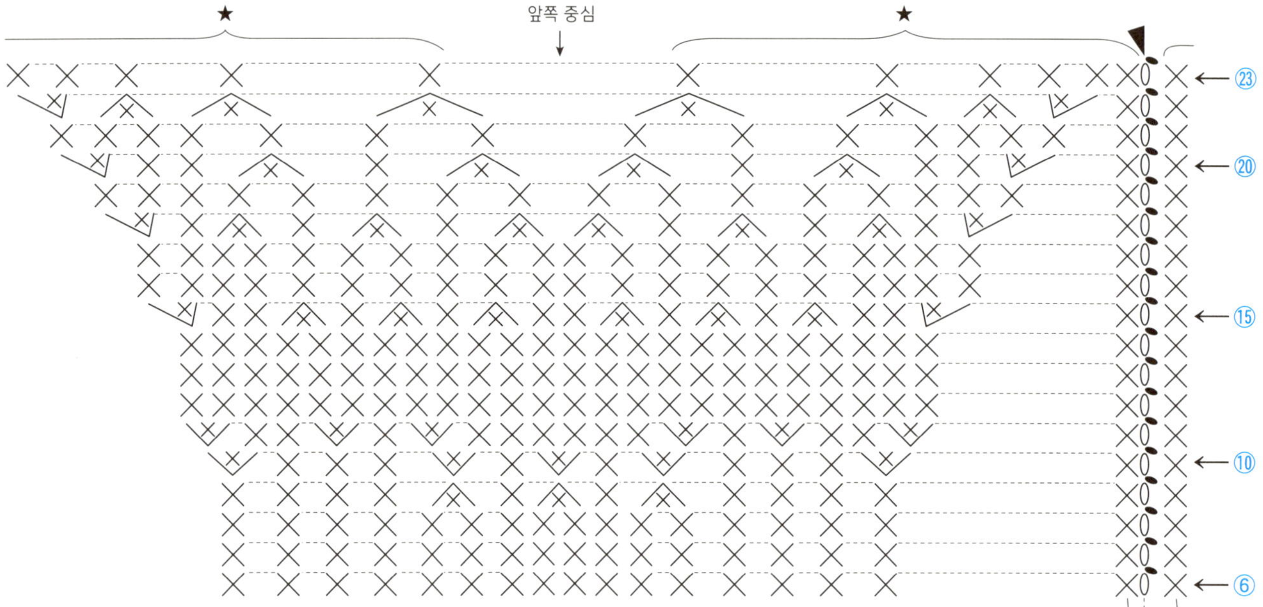

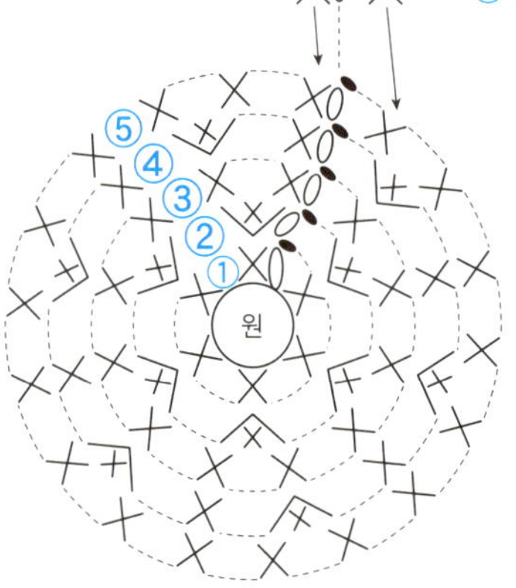

꽁지　각 1장

머리&몸통 콧수표

	단수	콧수	증감
몸통	23단	12코	
	22단	12코	-4코
	21단	16코	
	20단	16코	-2코
	19단	18코	
	18단	18코	-4코
	16·17단	22코	
	15단	22코	-4코
	12~14단	26코	
	11단	26코	+6코
	10단	20코	+5코
머리	9단	15코	-3코
	5~8단	18코	
	4단	18코	+6코
	3단	12코	
	2단	12코	+6코
	1단	6코	

날개 각 2장

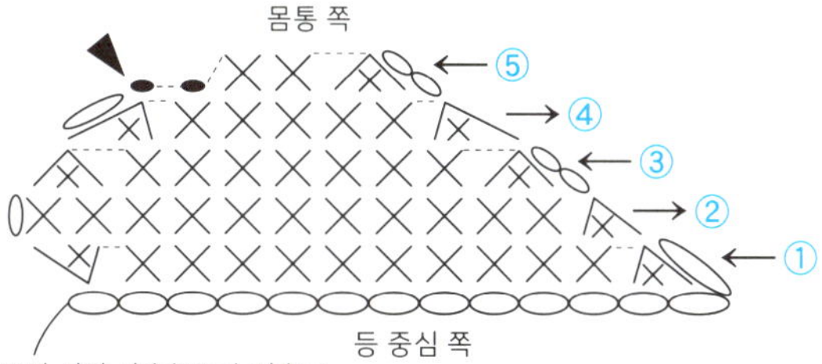

부리 각 1장

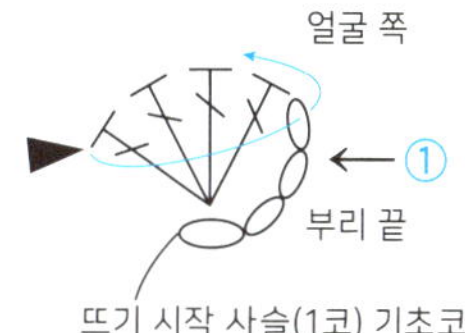

※ 마지막 단의 실 끝은 길게 남겨두고 자른다. 실
  끝을 기둥코 사슬의 3번째 코에 통과시켜 입체
  적으로 만든다.

발 각 2장

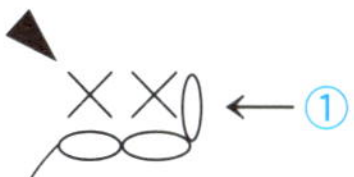

68~76 배색표

	68	69	70	71	72	73	74	75	76
머리&몸통	1119	501	172	800	3051	544	2502	371A	1085
날개·꽁지	485	274	263	392	135	800	190	393	220
부리·발					524				
콧구멍					800				

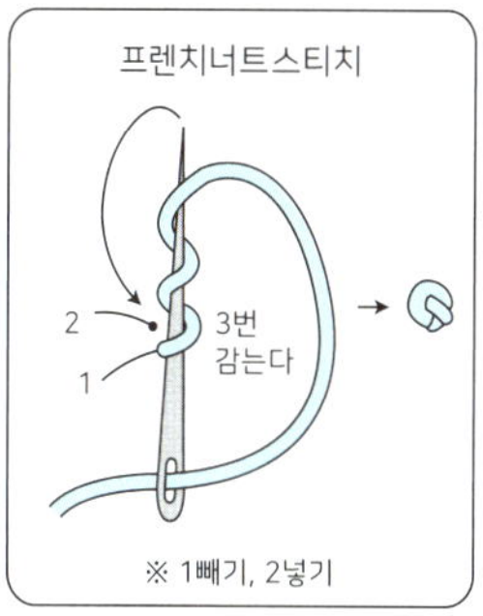

68~76 마무리하는 방법

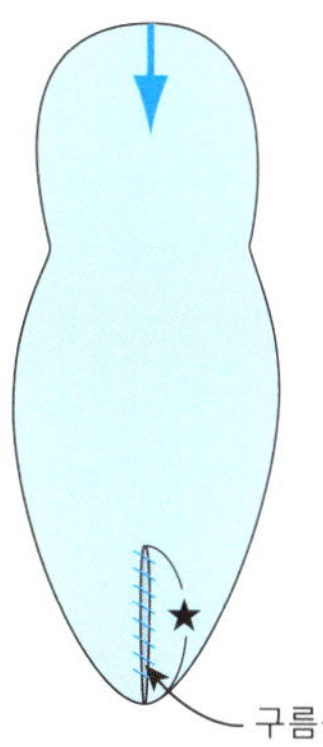

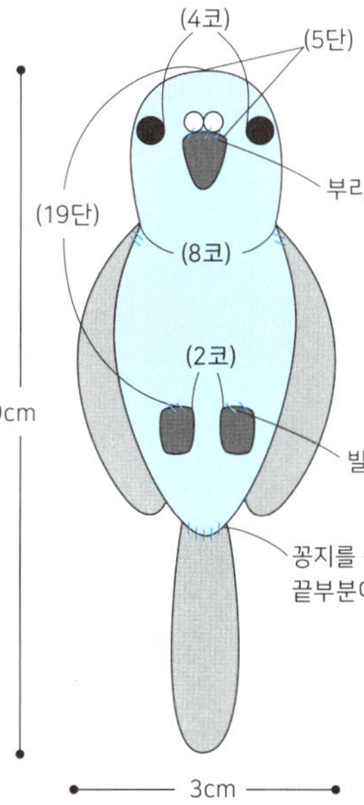

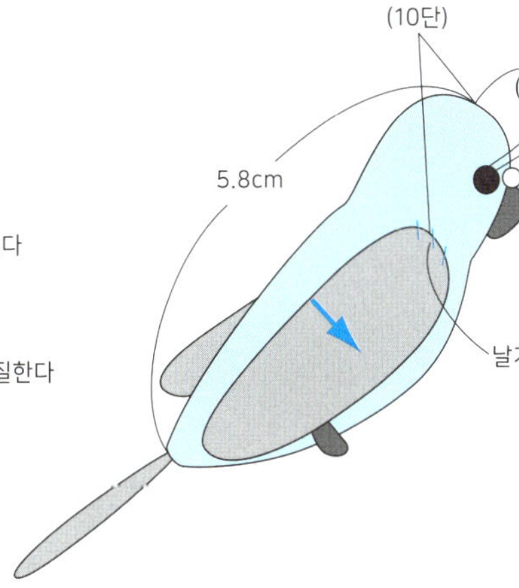

머리&몸통 앞면

앞쪽

77

78

79

80

81

parrot

앵무새

* how to make…54쪽
* design…이마무라 요우코

82

83

84

85

86

owl

올빼미

* how to make…70쪽
* design…이마무라 요우코

77~81 앵무새　photo→52쪽

＊ 25번 자수실

77: 오렌지색 계열(1053)…1.5타래　　청색 계열(366)…1타래
베이지색 계열(814)…0.5타래　　아이보리색(850)…0.5타래
검은색(900)…0.5타래

78: 분홍색 계열(101)…1타래　　분홍색 계열(1043)…1타래
베이지색 계열(814)…1타래　　흰색(800)…1타래

79: 오렌지색 계열(1051)…1타래　　오렌지색 계열(1052)…1타래
녹색 계열(223)…1타래　　베이지색 계열(814)…0.5타래
아이보리색(850)…0.5타래

80: 노란색 계열(544)…1.5타래　　녹색 계열(2020)…1타래
오렌지색 계열(1051)…0.5타래　　녹색 계열(2071)…0.5타래

81: 청색 계열(372A)…1.5타래　　오렌지색 계열(524)…1타래
베이지색 계열(815)…0.5타래　　흰색(800)…0.5타래
검은색(900)…0.5타래

＊ 기타 재료

구름솜…적당량
77: 하마나카 크리스털아이 크리스털블루 6mm(H220-106-18)…1쌍
78·81: 하마나카 크리스털아이 노란색 6mm(H220-106-3)…각 1쌍
79·80: 하마나카 크리스털아이 크리스털그린 6mm(H220-106-19)…각 1쌍

＊ 바늘

레이스바늘 0호(1.75mm)

77~81 마무리하는 방법

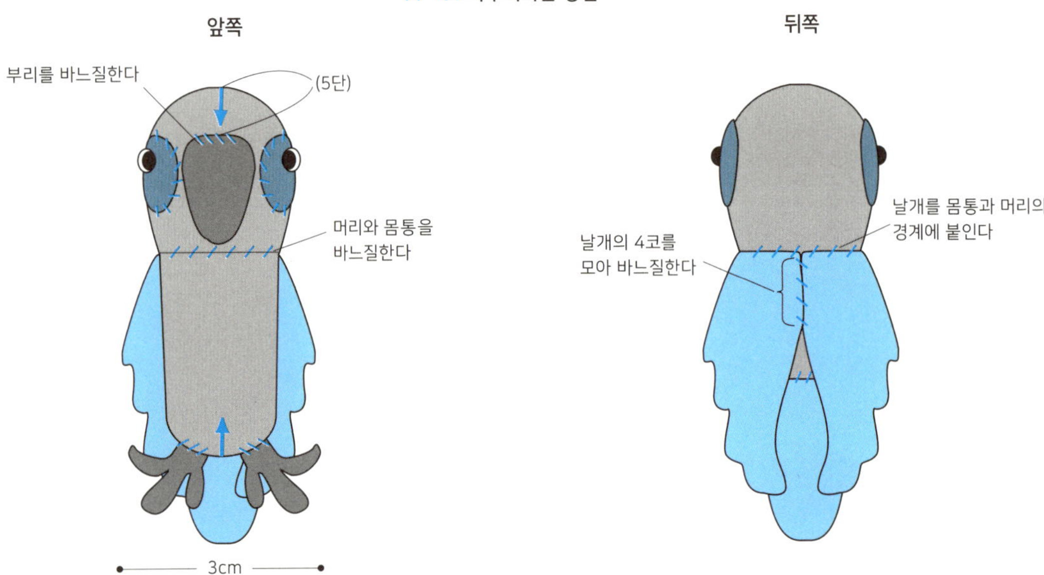

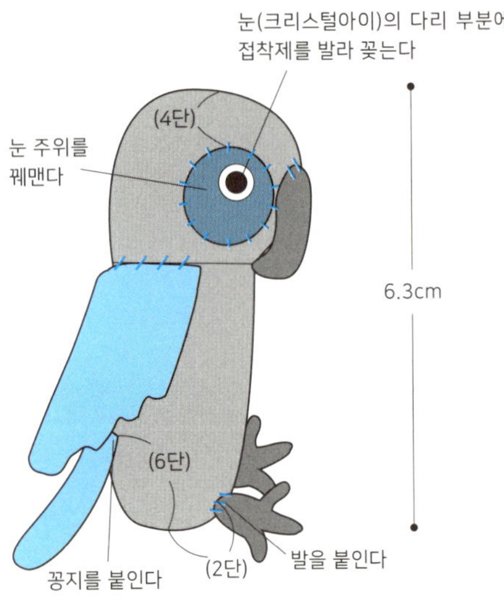

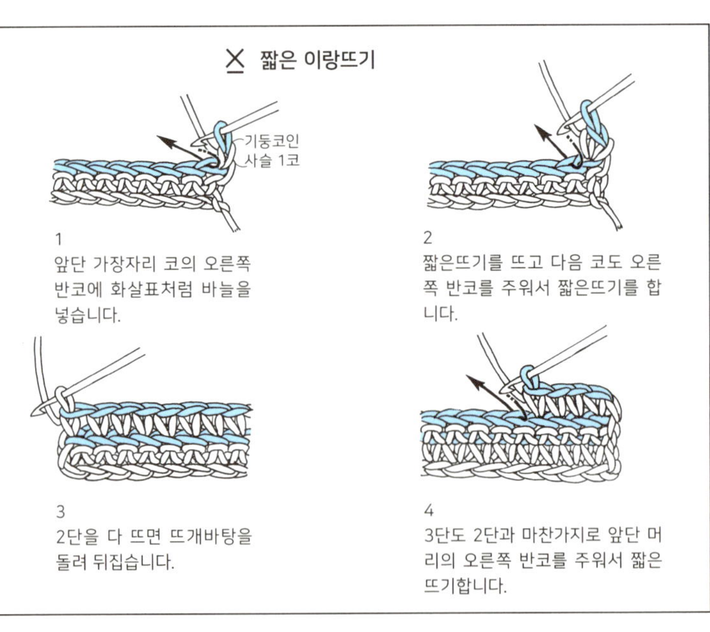

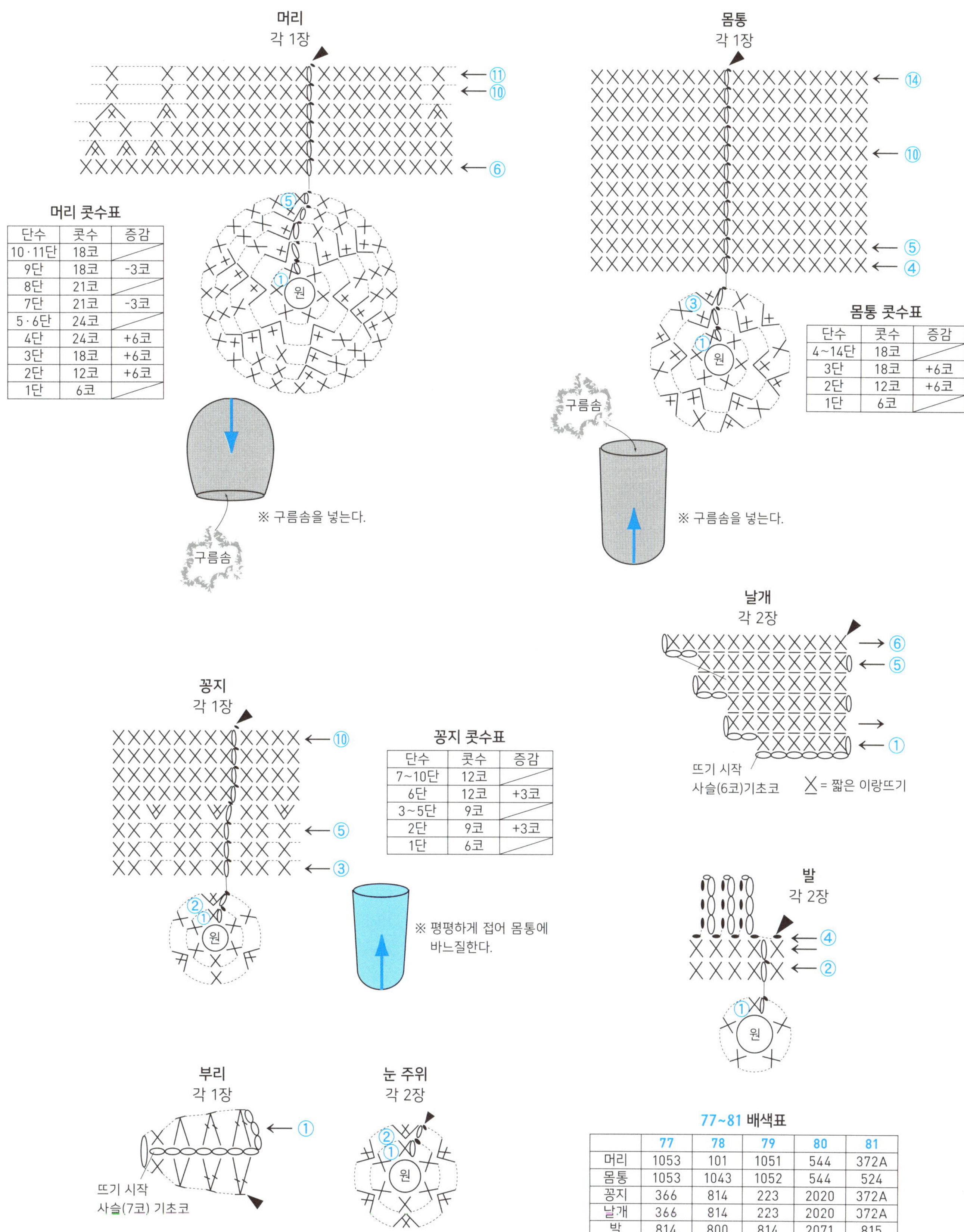

머리
각 1장

머리 콧수표

단수	콧수	증감
10·11단	18코	
9단	18코	-3코
8단	21코	
7단	21코	-3코
5·6단	24코	
4단	24코	+6코
3단	18코	+6코
2단	12코	+6코
1단	6코	

원

※ 구름솜을 넣는다.

구름솜

몸통
각 1장

몸통 콧수표

단수	콧수	증감
4~14단	18코	
3단	18코	+6코
2단	12코	+6코
1단	6코	

원

구름솜

※ 구름솜을 넣는다.

날개
각 2장

뜨기 시작
사슬(6코)기초코   = 짧은 이랑뜨기

꽁지
각 1장

꽁지 콧수표

단수	콧수	증감
7~10단	12코	
6단	12코	+3코
3~5단	9코	
2단	9코	+3코
1단	6코	

원

※ 평평하게 접어 몸통에 바느질한다.

발
각 2장

원

부리
각 1장

뜨기 시작
사슬(7코) 기초코

눈 주위
각 2장

원

77~81 배색표

	77	78	79	80	81
머리	1053	101	1051	544	372A
몸통	1053	1043	1052	544	524
꽁지	366	814	223	2020	372A
날개	366	814	223	2020	372A
발	814	800	814	2071	815
부리	900	800	850	2071	900
눈 주위	850	800	850	1051	800

88 89

87

* how to make…58쪽
* design…오오마치 마키

penguin

90

91

92

87~92 펭귄 photo→56쪽

✱ 25번 자수실

87: 청색 계열(391)…1.5타래　　흰색(800)…0.5타래
노란색 계열(542)…0.5타래
88: 검은색(900)…1.5타래　　흰색(800)…0.5타래
노란색 계열(542)…0.5타래
89: 회색 계열(485)…1.5타래　　흰색(800)…0.5타래
오렌지색 계열(534)…0.5타래
90: 오렌지색 계열(1053)…1.5타래　　흰색(800)…0.5타래
오렌지색 계열(534)…0.5타래

91: 청색 계열(307)…1.5타래　　흰색(800)…0.5타래
오렌지색 계열(534)…0.5타래
92: 오렌지색 계열(535)…1.5타래　　흰색(800)…0.5타래
노란색 계열(542)…0.5타래
✱ 기타 재료
구름솜…적당량
하마나카 솔리드아이 블랙 3.5mm(H221-335-1)…각 1쌍
✱ 바늘
코바늘 2/0호(2.0mm)

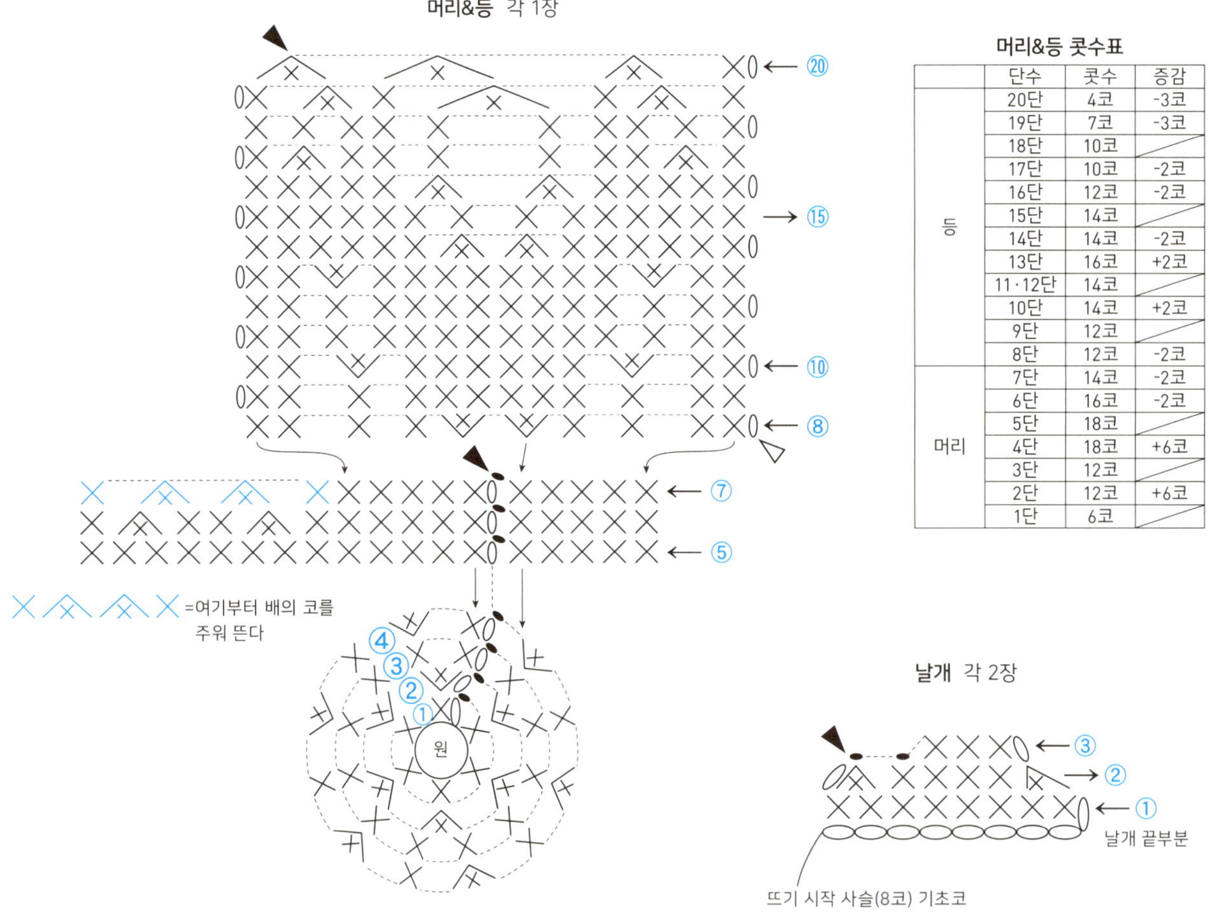

머리&등 콧수표

	단수	콧수	증감
등	20단	4코	-3코
	19단	7코	-3코
	18단	10코	
	17단	10코	-2코
	16단	12코	-2코
	15단	14코	
	14단	14코	-2코
	13단	16코	+2코
	11·12단	14코	
	10단	14코	+2코
	9단	12코	
	8단	12코	-2코
머리	7단	14코	-2코
	6단	16코	-2코
	5단	18코	
	4단	18코	+6코
	3단	12코	
	2단	12코	+6코
	1단	6코	

87~92 배색표

	87	88	89	90	91	92
머리& 등·날개·꽁지	391	900	485	1053	307	535
배	800					
부리·발	542		534			542

배의 사슬코 줍는 방법과 마무리하는 방법

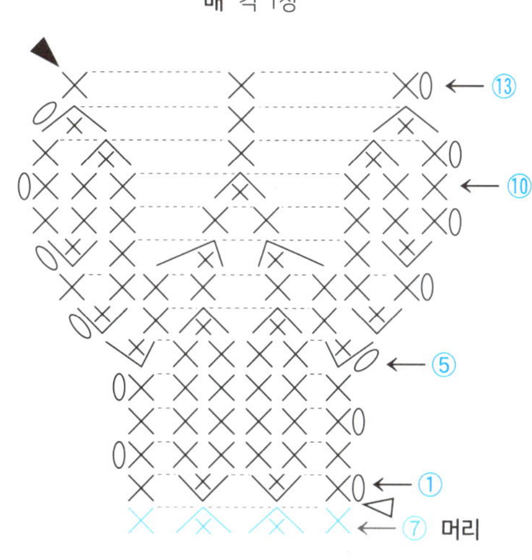

머리

⑦
①

등과 배를 바느질한다

배

구름솜을 넣고 아래쪽을
바느질한다

※ 머리의 7단째에 실을 연결해 뜬다.

부리 각 1장

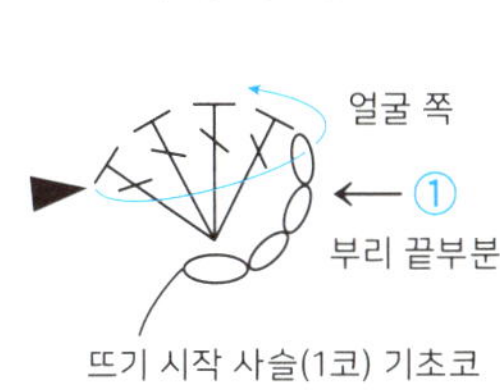

※ 마지막 단의 실 끝은 길게 남겨두고 자른
   다. 실을 기둥코 사슬의 3번째 코에 통과
   시켜 입체적으로 만든다.

발 각 2장

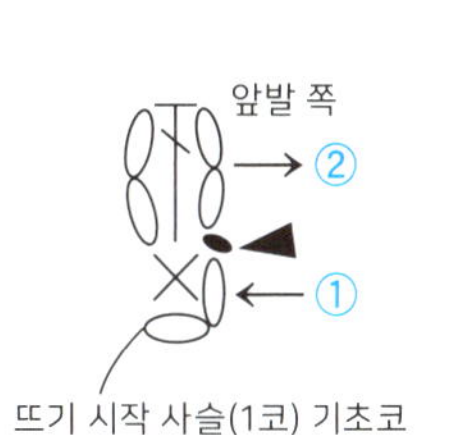

꽁지 각 1장

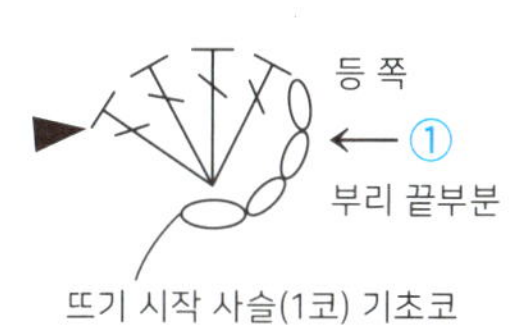

87~92 마무리하는 방법

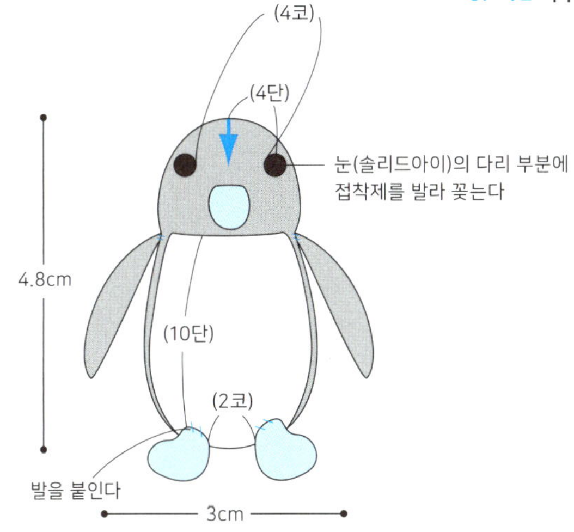

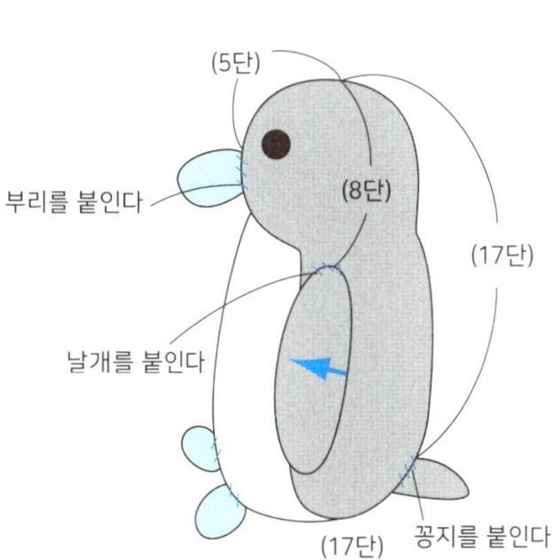

part 5
몸빛이 화려한 새
swan
93
94
95
96
백조
* how to make…62쪽
* design…후지타 도모코

97
98
99
100
플라밍고
flamingo
* how to make…72쪽
* design…후지타 도모코

93~96 백조

＊25번 자수실

93: 아이보리색(850)…4타래　　오렌지색 계열(523)…소량
검은색(900)…소량

94: 아이보리색(850)…4타래　　오렌지색 계열(523)…소량
검은색(900)…소량　　골드(L2)…소량

95: 아이보리색(850)…4타래　　청색 계열(391)…소량
오렌지색 계열(523)…소량　　검은색(900)…소량

96: 아이보리색(850)…4타래　　오렌지색 계열(523)…소량
검은색(900)…소량

＊기타 재료

구름솜…적당량
하마나카 솔리드아이 블랙 3mm(H221-303-1)…각 1쌍
꽃철사(#26)…약 6cm×각 1개
93: 시드 비즈 화이트 펄…16개　　다이아커트 비즈 화이트 펄 6mm…1개

＊바늘

코바늘 2/0호(2.0mm)

93~96 마무리하는 방법

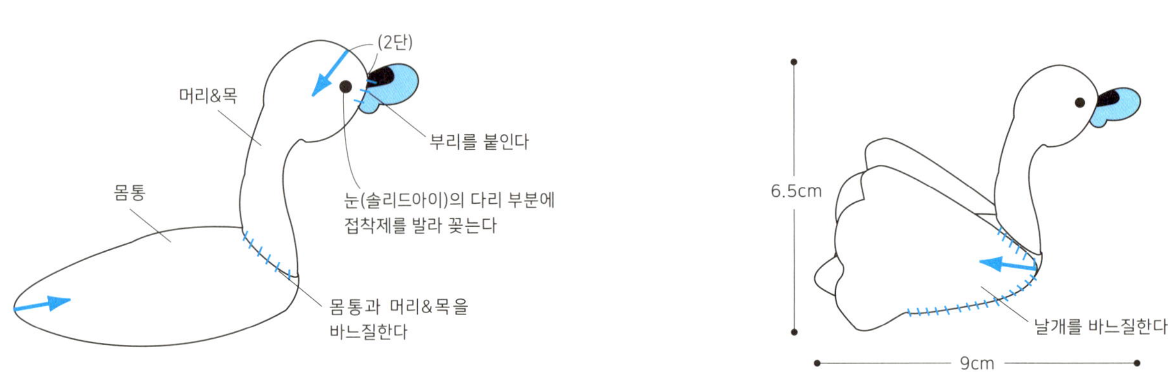

93 목걸이

94 왕관

L2 1장

95 나비넥타이

391 1장

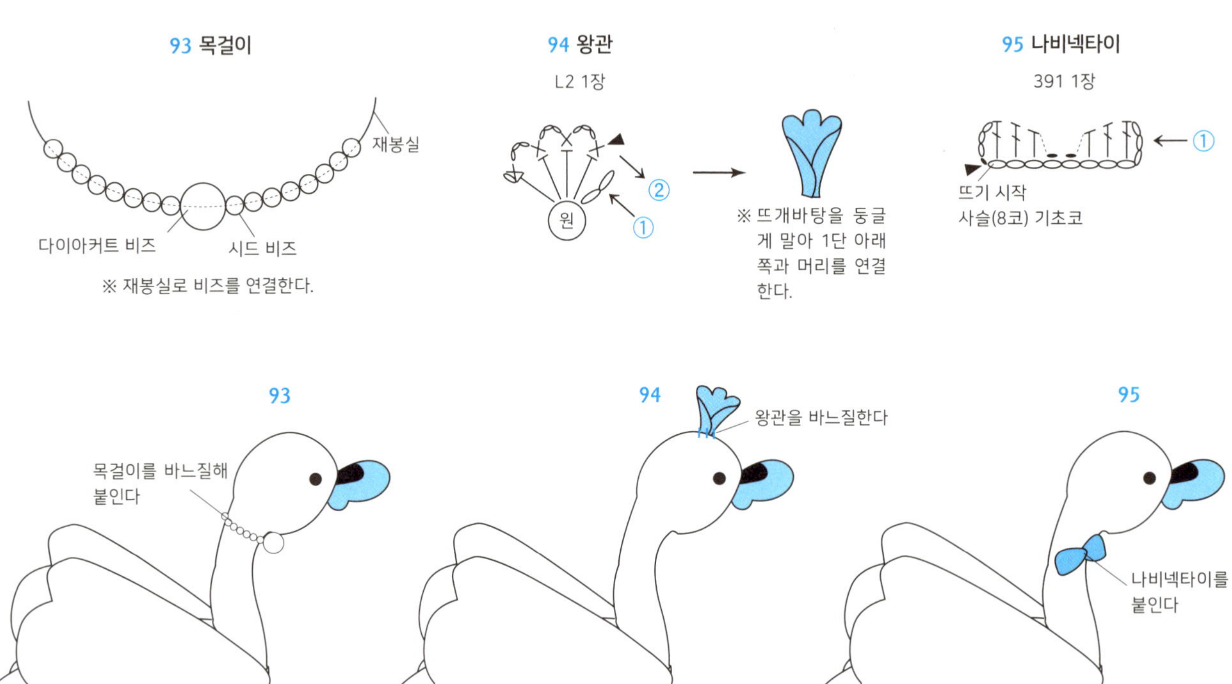

몸통
각 1장

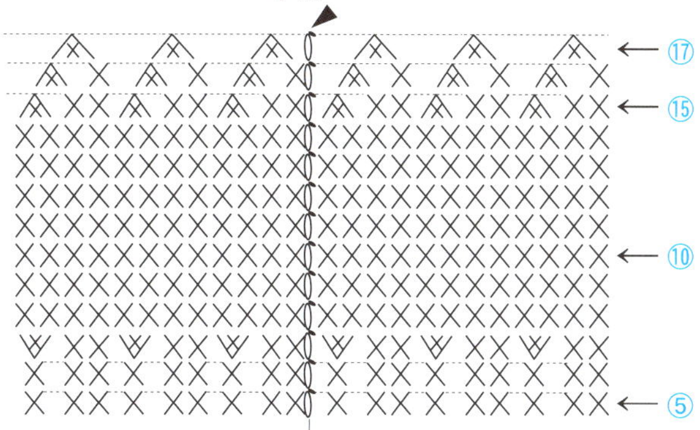

← ⑰
← ⑮
← ⑩
← ⑤

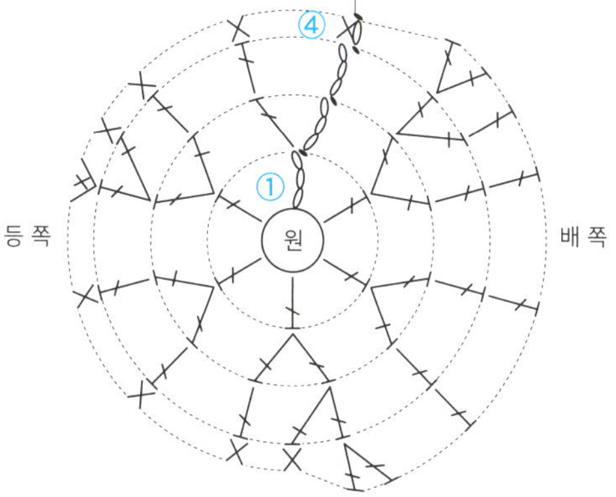

④
①
원

등 쪽 · 배 쪽

몸통 콧수표

단수	콧수	증감
17단	6코	-6코
16단	12코	-6코
15단	18코	-6코
8~14단	24코	
7단	24코	+6코
5·6단	18코	
4단	18코	+3코
3단	15코	+3코
2단	12코	+6코
1단	6코	

등 쪽

구름솜

배 쪽

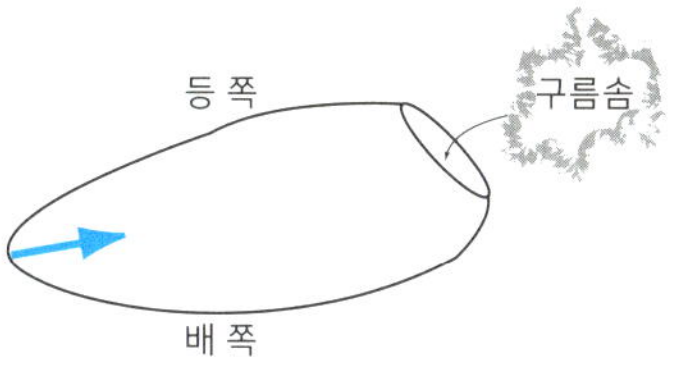

※ 구름솜을 넣는다.

머리&목 콧수표

	단수	콧수	증감
목	16~18단	12코	
	15단	12코	+3코
	9~14단	9코	
머리	8단	9코	-9코
	4~7단	18코	
	3단	18코	+6코
	2단	12코	+6코
	1단	6코	

머리&목 각 1장

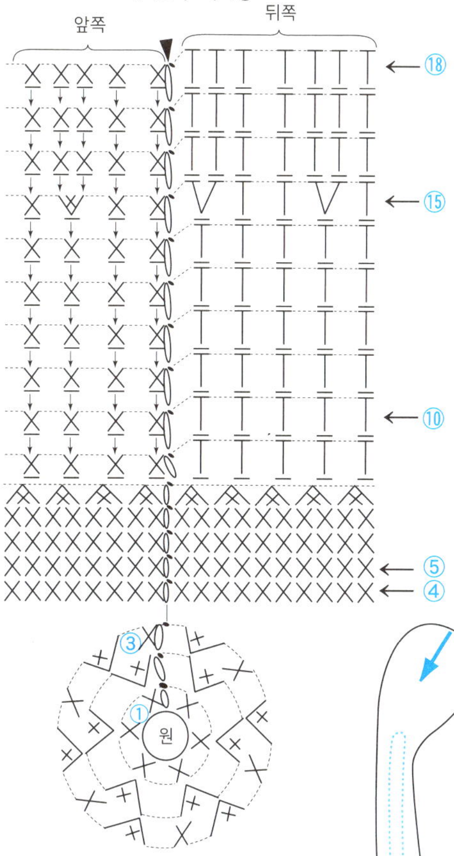

앞쪽 · 뒤쪽

← ⑱
← ⑮
← ⑩
← ⑤
← ④

③
①
원

✕ =짧은 이랑뜨기

T =긴 이랑뜨기

} 앞단의 사슬 오른쪽 반코를 건져 올린다

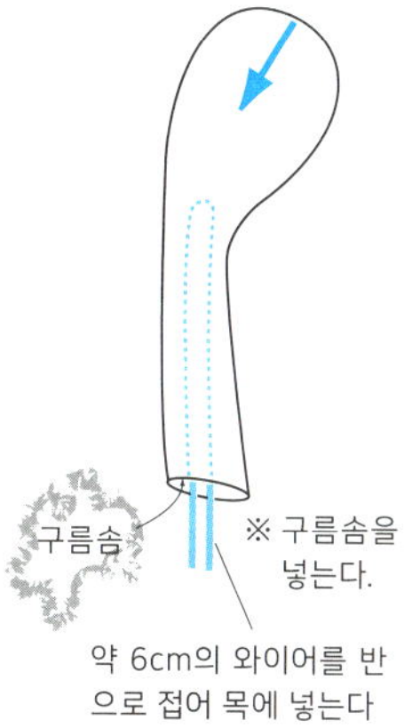

구름솜

※ 구름솜을 넣는다.

약 6cm의 와이어를 반으로 접어 목에 넣는다

날개
각 2장

→ ⑧
← ⑤
← ①

원

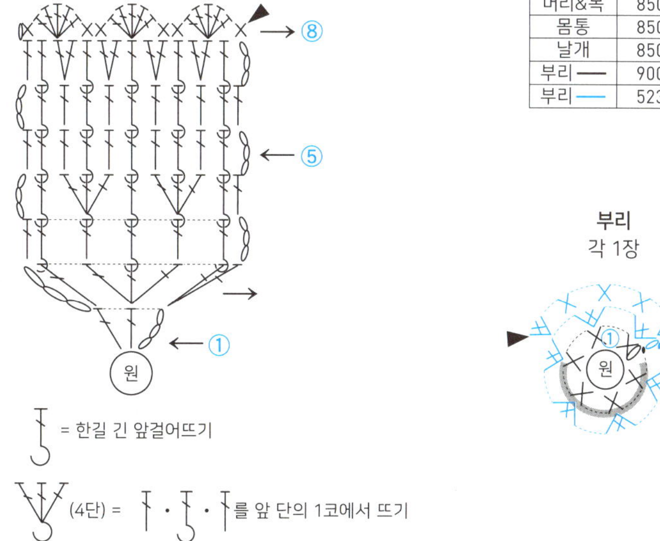

= 한길 긴 앞걸어뜨기

(4단) = T·T·T 를 앞 단의 1코에서 뜨기

93~96 배색표

머리&목	850
몸통	850
날개	850
부리 —	900
부리 —	523

부리
각 1장

옆에서 본 모습

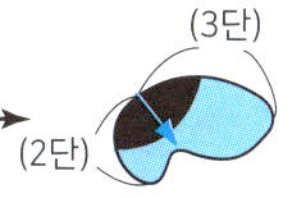

① ③
원

(3단)

(2단)

※ 1단과 2단 사이의 — 부분을 머리에 붙인다.

material guide 자수실 소개

이 책에 사용한 올림푸스 25번 자수실의 컬러 샘플을 소개합니다.
아름답고 풍부한 컬러를 당신의 작품에 꼭 사용해보세요.

품질: 면 100%   길이: 한 타래(8m)   색 수: 434색   ※ 사진은 실물 크기입니다.

＊ 25번 자수실 색 견본

100	140	190	1081	200	235	283	2050
101	141	192	1082	201	236	2835	2051
102	142	194	1083	202	237	284	2052
103	143	196	1084	203	238	285	2065
104	144	198	1085	204	243	287	2070
105	145	1011	1118	205	244	288	2071
106	154	1013	1119	206	2445	289	2072
111	155	1014	1120	210	245	290	2073
116	156	1021	1121	212	246	291	2502
117	161	1026	1122	214	247	292	301
119	163	1027	1205	216	251	293	302
121	165	1028	1600	218	252	294	303
122	166	1029	1601	219	253	2011	304
123	167	1031	1602	220	254	2012	305
124	169	1032	1603	221	255	2013	306
125	170	1033	1701	2215	257	2014	307
126	171	1034	1702	222	261	2015	308
127	172	1035	1703	223	262	2016	310
128	173	1041	1704	227	263	2020	312
129	174	1042	1705	228	264	2021	314
131	175	1043	1706	229	265	2022	316
132	180	1044	1898	231	273	2023	318
133	182	1045	1900	232	274	2039	324
134	184	1046	1902	233	275	2040	331
135	186	1051	1904		276	2041	332
136	188	1052	1906		277	2042	333
137		1053	1908				334

* 색 수는 2015년 11월 기준입니다.
* 인쇄물이므로 색상은 다소 차이 날 수 있습니다.

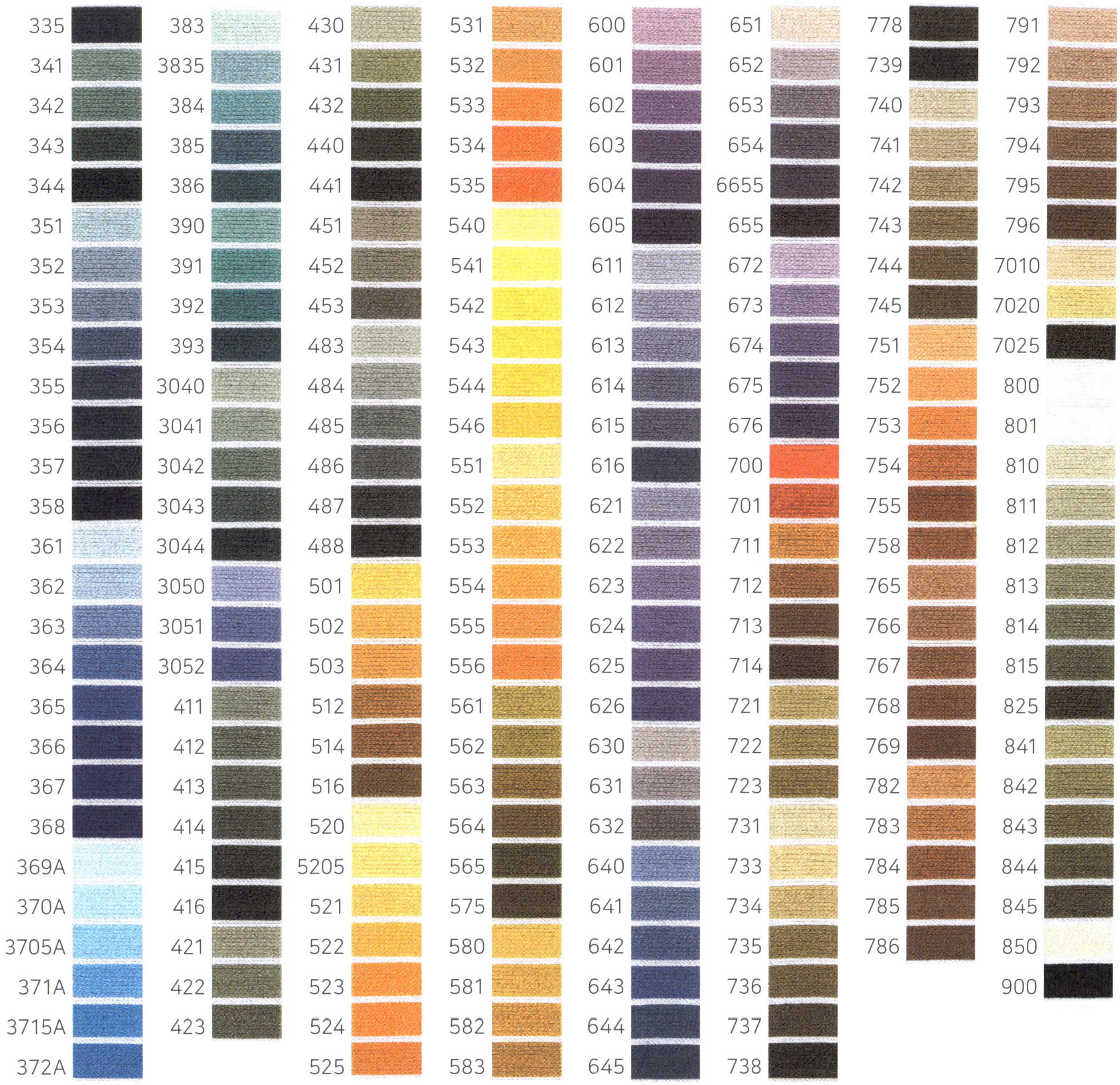

335	383	430	531	600	651	778	791
341	3835	431	532	601	652	739	792
342	384	432	533	602	653	740	793
343	385	440	534	603	654	741	794
344	386	441	535	604	6655	742	795
351	390	451	540	605	655	743	796
352	391	452	541	611	672	744	7010
353	392	453	542	612	673	745	7020
354	393	483	543	613	674	751	7025
355	3040	484	544	614	675	752	800
356	3041	485	546	615	676	753	801
357	3042	486	551	616	700	754	810
358	3043	487	552	621	701	755	811
361	3044	488	553	622	711	758	812
362	3050	501	554	623	712	765	813
363	3051	502	555	624	713	766	814
364	3052	503	556	625	714	767	815
365	411	512	561	626	721	768	825
366	412	514	562	630	722	769	841
367	413	516	563	631	723	782	842
368	414	520	564	632	731	783	843
369A	415	5205	565	640	733	784	844
370A	416	521	575	641	734	785	845
3705A	421	522	580	642	735	786	850
371A	422	523	581	643	736		900
3715A	423	524	582	644	737		
372A		525	583	645	738		

14~19 코끼리 photo→17쪽

✻ 25번 자수실

14: 회색 계열(484)…2.5타래　　분홍색 계열(1041)…0.5타래
15: 하늘색 계열(3705A)…2.5타래　　노란색 계열(520)…0.5타래
16: 녹색 계열(261)…2.5타래　　분홍색 계열(124)…0.5타래
17: 노란색 계열(521)…2.5타래　　녹색 계열(220)…0.5타래
18: 분홍색 계열(102)…2.5타래　　녹색 계열(261)…0.5타래
19: 보라색 계열(624)…2.5타래　　분홍색 계열(103)…0.5타래

✻ 기타 재료

구름솜…적당량
하마나카 솔리드아이 블랙 3mm(H221-303-1)…각 1쌍

✻ 바늘

코바늘 2/0호(2.0mm)

몸통 각 2장

귀 각 2장

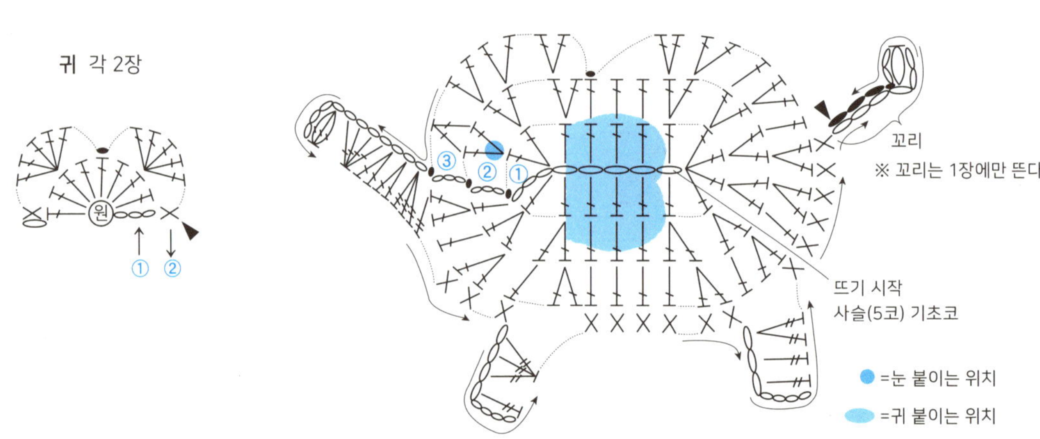

14~19 마무리하는 방법

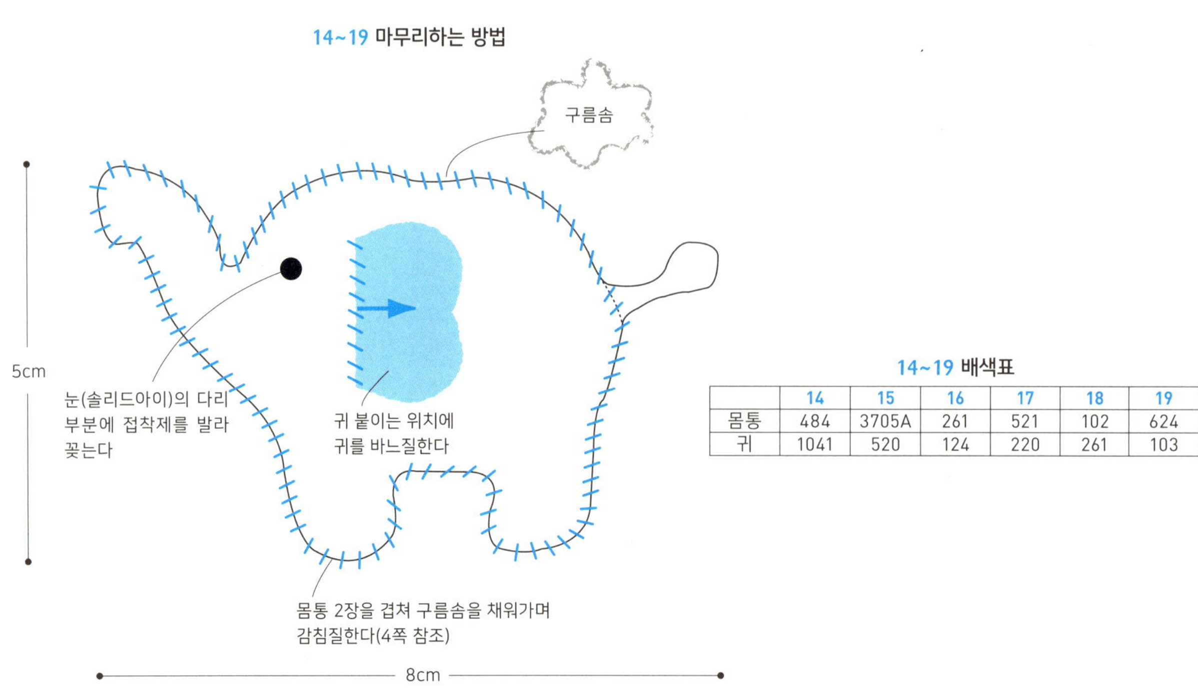

14~19 배색표

	14	15	16	17	18	19
몸통	484	3705A	261	521	102	624
귀	1041	520	124	220	261	103

39~42 고슴도치 photo→32쪽

✳ 25번 자수실

39: 청색 계열(386)…1.5타래　베이지색 계열(734)…1타래
갈색 계열(737)…0.5타래　녹색 계열(292)…0.5타래
40: 녹색 계열(262)…1.5타래　베이지색 계열(734)…1타래
갈색 계열(737)…0.5타래　갈색 계열(745)…0.5타래
41: 갈색 계열(737)…2타래　베이지색 계열(734)…1타래
녹색 계열(223)…0.5타래
42: 분홍색 계열(156)…1.5타래　베이지색 계열(734)…1타래
갈색 계열(737)…0.5타래　노란색 계열(502)…0.5타래

✳ 기타 재료
구름솜…적당량
일본아미구루미협회 눈 부품(꽂는 타입) 검은색 5mm…각 1쌍
✳ 바늘
코바늘 2/0호(2.0mm)

몸통 각 2장

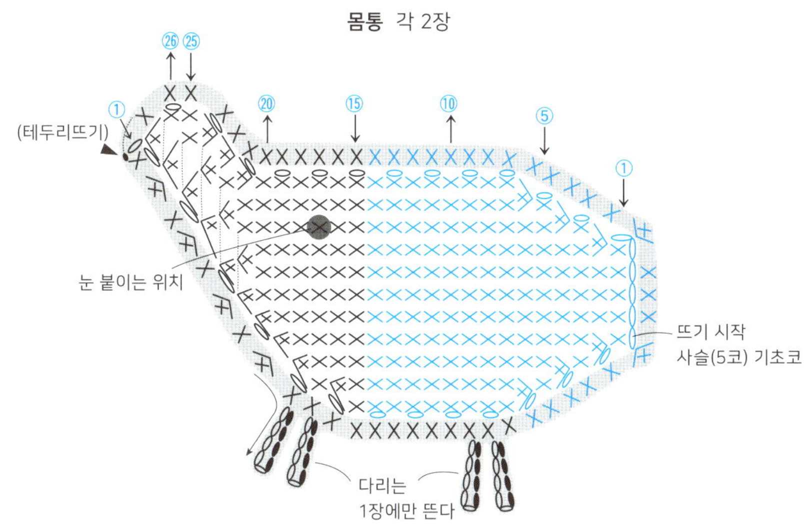

코 각 1장　　**귀** 각 2장

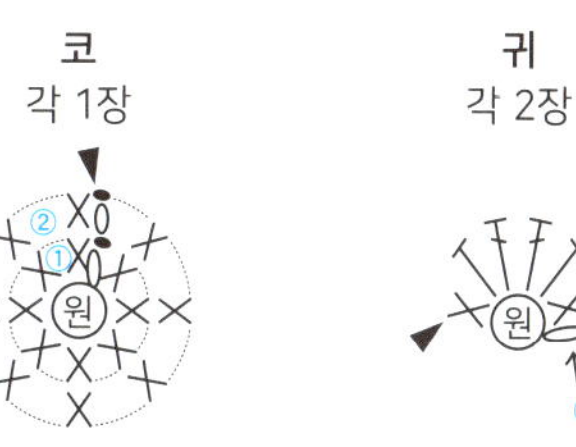

39~42 마무리하는 방법

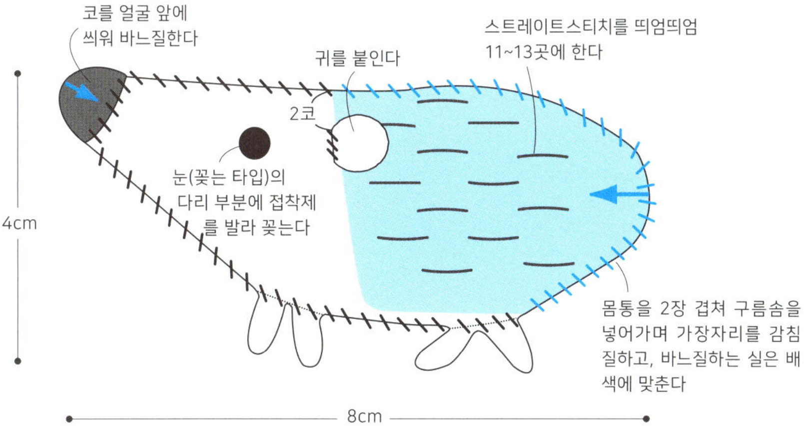

39~42 배색표

		39	40	41	42
몸통	—	386	262	737	156
몸통	—	734			
코		737			
귀		734			
스티치		292	745	223	502

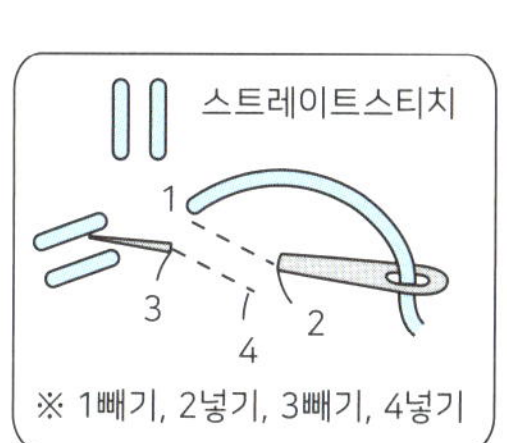

63~67 거북 photo→45쪽

✱ 25번 자수실

63: 녹색 계열(229)…1.5타래　녹색 계열(227)…1.5타래
녹색 계열(251)…0.5타래

64: 녹색 계열(2052)…1.5타래　녹색 계열(2071)…1.5타래
분홍색 계열(1043)…0.5타래

65: 녹색 계열(2013)…1.5타래　녹색 계열(293)…1.5타래
오렌지색 계열(753)…0.5타래

66: 녹색 계열(223)…1.5타래　녹색 계열(221)…1.5타래
노란색 계열(522)…0.5타래

67: 갈색 계열(844)…1.5타래　베이지색 계열(814)…1.5타래
노란색 계열(7020)…0.5타래

✱ 기타 재료

구름솜…적당량
펄 비즈 그레이메탈릭 3mm…각 2개

✱ 바늘

레이스바늘 0호(1.75mm)

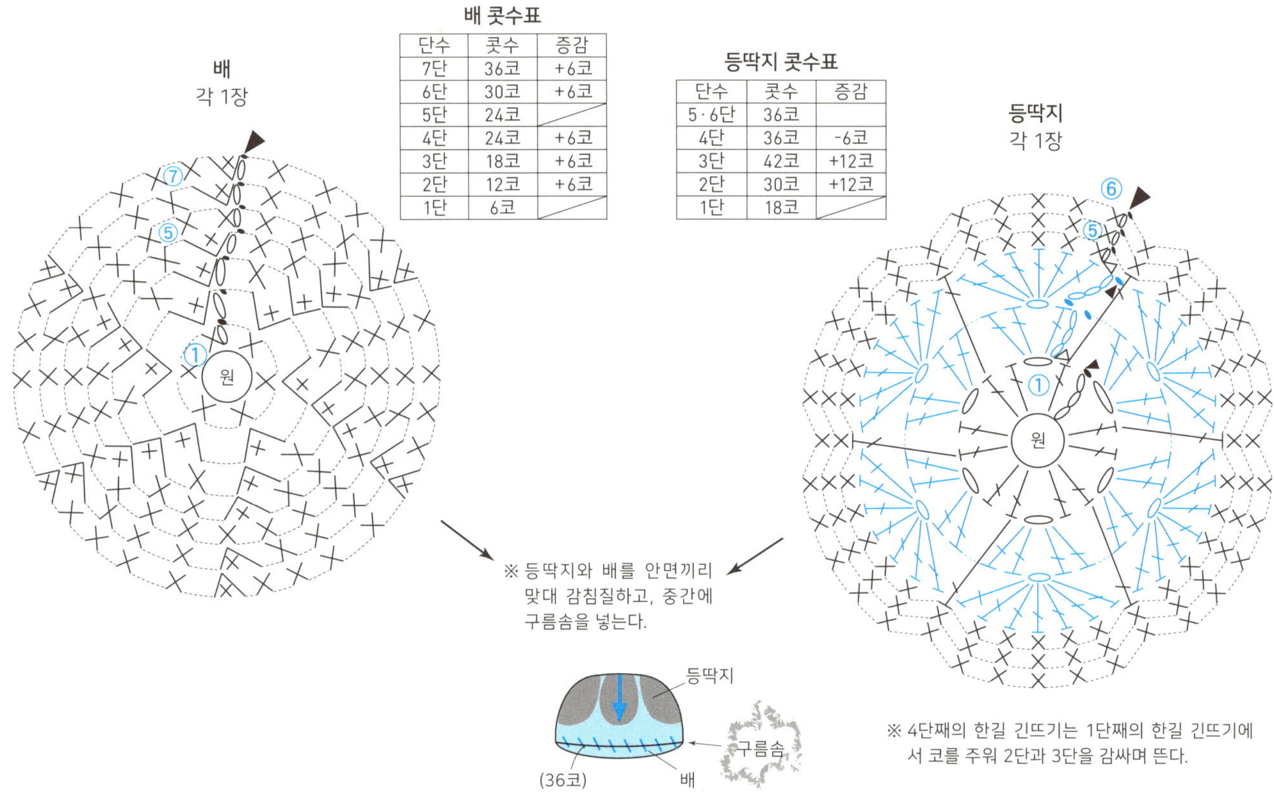

단수	콧수	증감
7단	36코	+6코
6단	30코	+6코
5단	24코	
4단	24코	+6코
3단	18코	+6코
2단	12코	+6코
1단	6코	

등딱지 콧수표

단수	콧수	증감
5·6단	36코	
4단	36코	-6코
3단	42코	+12코
2단	30코	+12코
1단	18코	

※ 등딱지와 배를 안면끼리 맞대 감침질하고, 중간에 구름솜을 넣는다.

※ 구름솜을 넣는다.

※ 4단째의 한길 긴뜨기는 1단째의 한길 긴뜨기에서 코를 주워 2단과 3단을 감싸며 뜬다.

63~67 배색표

	63	64	65	66	67
배	229	2052	2013	223	844
등딱지 —	229	2052	2013	223	844
등딱지 —	251	1043	753	522	7020
머리	227	2071	293	221	814
다리	227	2071	293	221	814

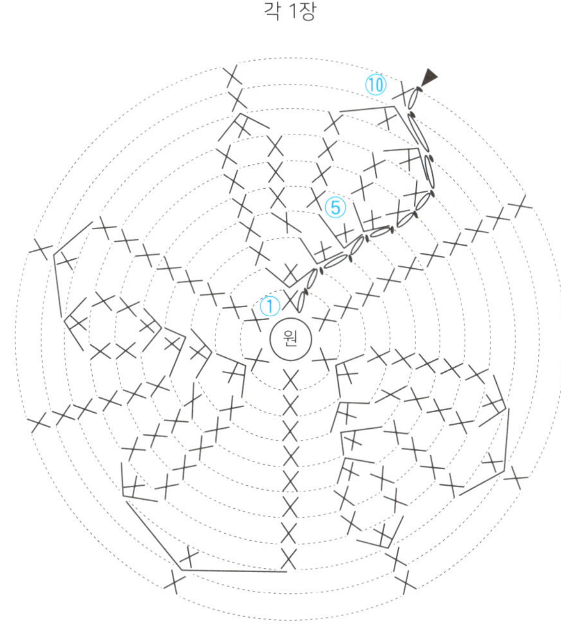

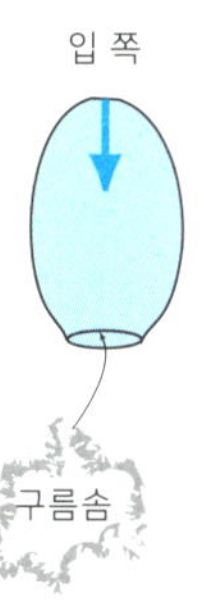

※ 구름솜을 넣고 마지막 단은 반을
접어 바느질한다.

머리 콧수표

단수	콧수	증감
10단	8코	
9단	8코	-4코
8단	12코	-6코
6·7단	18코	
5단	18코	+3코
4단	15코	+3코
3단	12코	+3코
2단	9코	+3코
1단	6코	

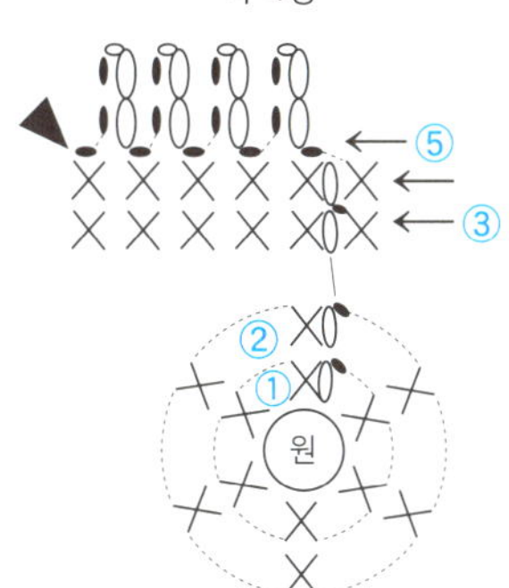

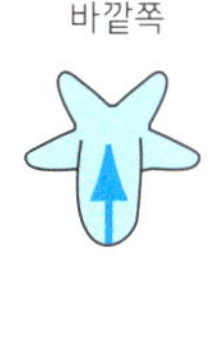

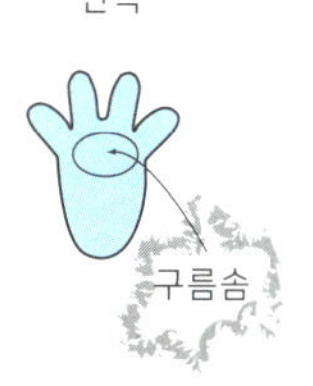

※ 구름솜을 넣는다.

63~67 마무리하는 방법

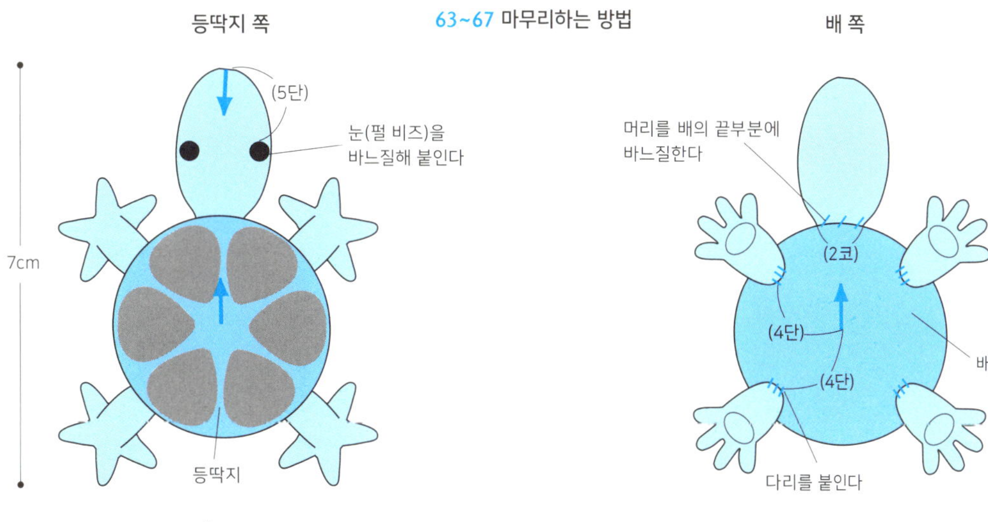

82~86 올빼미   photo→53쪽

✻ 25번 자수실
82: 녹색 계열(2071)…1.5타래　　녹색 계열(227)…1타래
노란색 계열(544)…0.5타래　　오렌지색 계열(755)…0.5타래
아이보리색(850)…0.5타래
83: 베이지색 계열(810)…1.5타래　　베이지색 계열(814)…1.5타래
오렌지색 계열(524)…0.5타래　　녹색 계열(2052)…0.5타래
84: 하늘색 계열(3705A)…1.5타래　　하늘색 계열(371A)…1타래
노란색 계열(544)…0.5타래　　오렌지색 계열(755)…0.5타래
갈색 계열(844)…0.5타래
85: 보라색 계열(603)…1.5타래　　오렌지색 계열(753)…1타래
녹색 계열(251)…0.5타래　　노란색 계열(544)…0.5타래
녹색 계열(2052)…0.5타래

86: 아이보리색(850)…1.5타래　　노란색 계열(7020)…1.5타래
올리브 계열(284)…0.5타래　　오렌지색 계열(524)…0.5타래
✻ 기타 재료
구름솜…적당량
82: 하마나카 크리스털아이 크리스털블루 6mm(H220-106-18)…1쌍
83·84: 하마나카 크리스털아이 골드 6mm(H220-106-8)…각 1쌍
85: 하마나카 크리스털아이 옐로 6mm(H220-106-3)…1쌍
86: 하마나카 크리스털아이 라이트브라운 6mm(H220-106-20)…1쌍
✻ 바늘
레이스바늘 0호(1.75mm)

82~86 마무리하는 방법

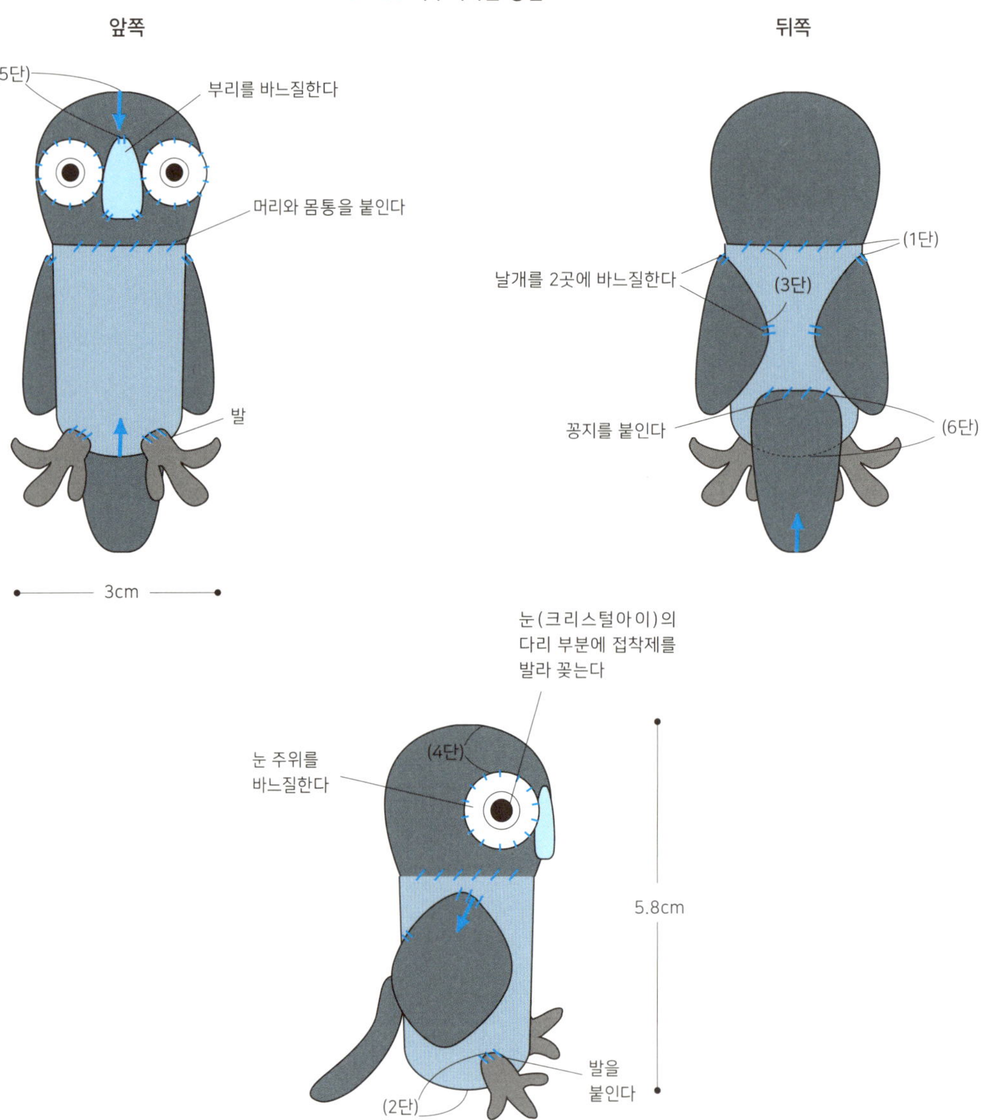

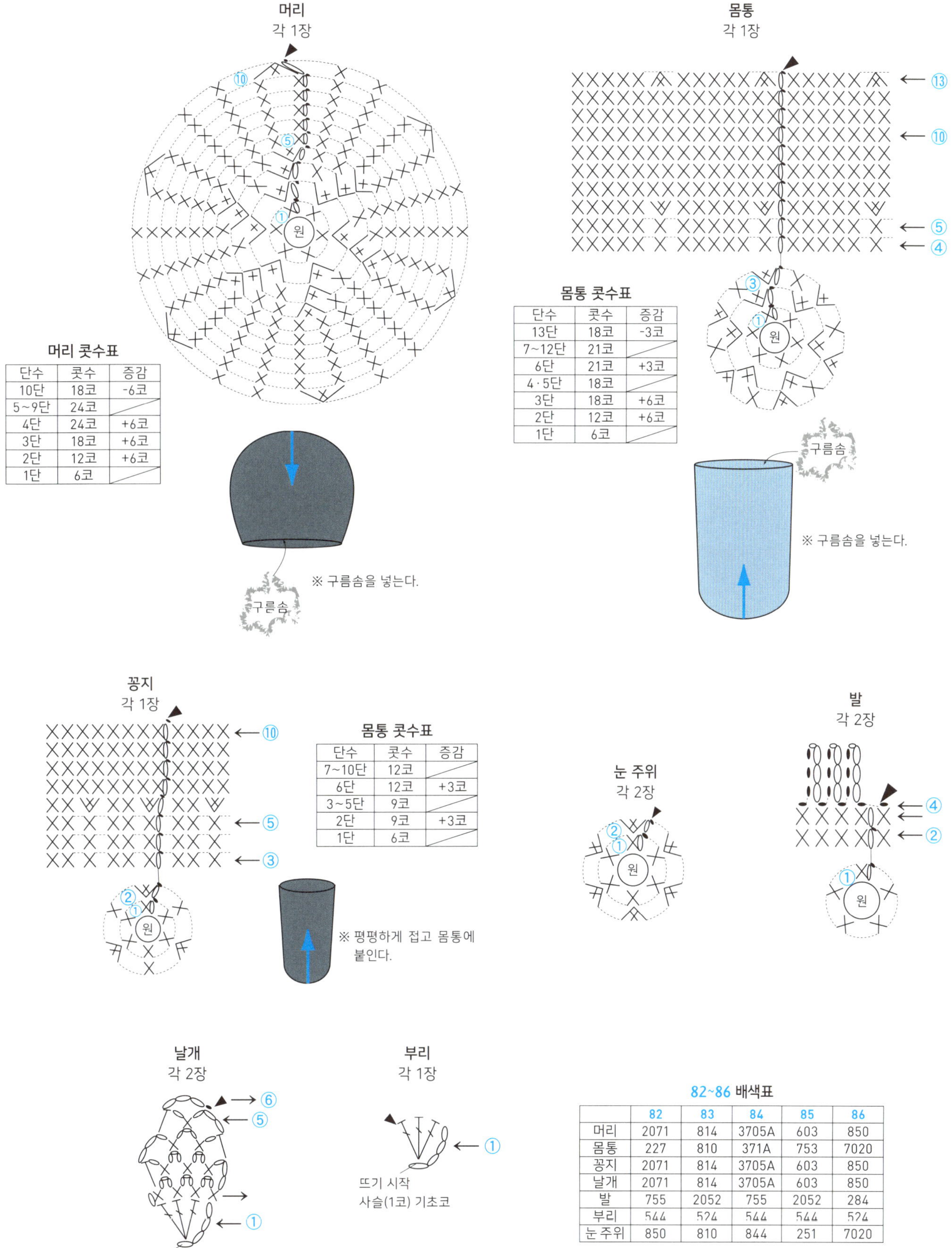

머리 콧수표

단수	콧수	증감
10단	18코	-6코
5~9단	24코	
4단	24코	+6코
3단	18코	+6코
2단	12코	+6코
1단	6코	

몸통 콧수표

단수	콧수	증감
13단	18코	-3코
7~12단	21코	
6단	21코	+3코
4·5단	18코	
3단	18코	+6코
2단	12코	+6코
1단	6코	

몸통 콧수표

단수	콧수	증감
7~10단	12코	
6단	12코	+3코
3~5단	9코	
2단	9코	+3코
1단	6코	

82~86 배색표

	82	83	84	85	86
머리	2071	814	3705A	603	850
몸통	227	810	371A	753	7020
꽁지	2071	814	3705A	603	850
날개	2071	814	3705A	603	850
발	755	2052	755	2052	284
부리	544	524	544	544	524
눈 주위	850	810	844	251	7020

97~100 플라밍고　photo→61쪽

✻ 25번 자수실

97: 분홍색 계열(180)…2타래　　분홍색 계열(182)…1타래
분홍색 계열(154)…소량　　검은색(900)…소량
98: 오렌지색 계열(169)…2타래　　오렌지색 계열(170)…1타래
오렌지색 계열(173)…소량　　검은색(900)…소량
99: 분홍색 계열(155)…2타래　　분홍색 계열(156)…1타래
분홍색 계열(154)…소량　　검은색(900)…소량
100: 분홍색 계열(184)…2타래　　분홍색 계열(186)…1타래
오렌지색 계열(173)…소량　　검은색(900)…소량

✻ 기타 재료
구름솜…적당량
시드 비즈 검은색…각 2개
꽃철사(#30)…약 7cm×각 2개
✻ 바늘
코바늘 2/0호(2.0mm)

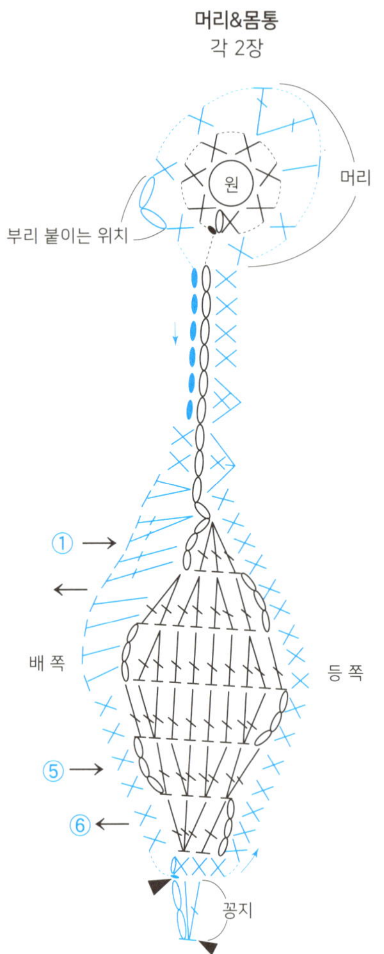

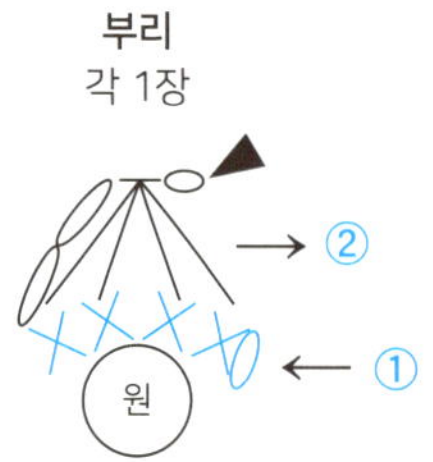

※ 2단째 =기둥코로 사슬 2코를 세워 긴 4코
　모아뜨기를 뜨고 사슬 1코를 뜬다.

97~100 배색표

	97	98	99	100
머리&몸통	180	169	155	184
다리	180	169	155	184
날개	182	170	156	186
부리 ——	900			
부리 ——	154	173	154	173

오른쪽 날개
각 1장

왼쪽 날개
각 1장

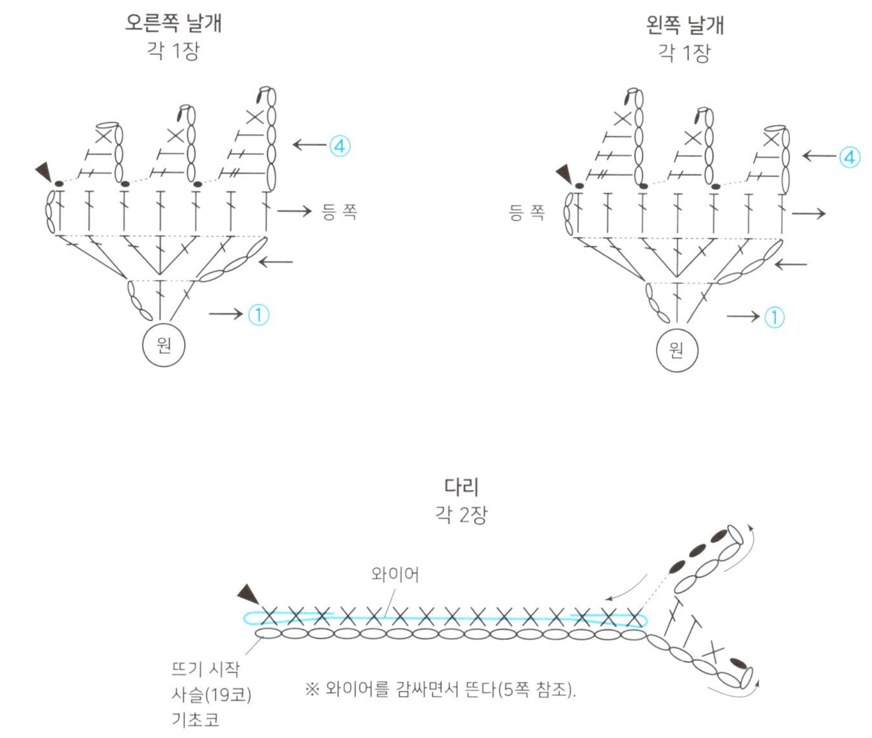

다리
각 2장

97~100 마무리하는 방법

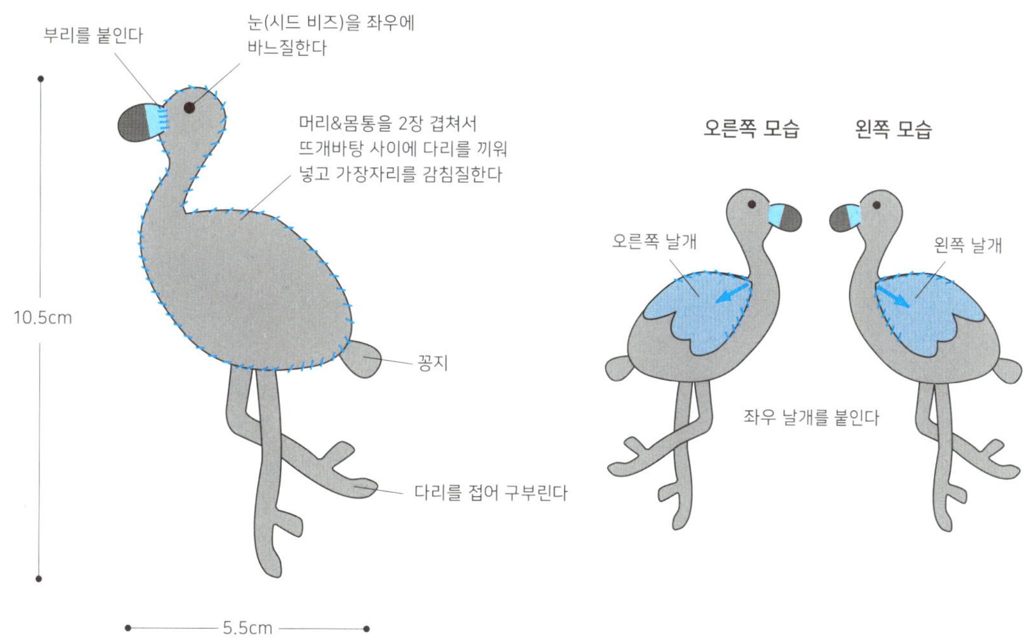

※ 18쪽에서 이어집니다.

공

12·13 뜨개바탕 각 2장

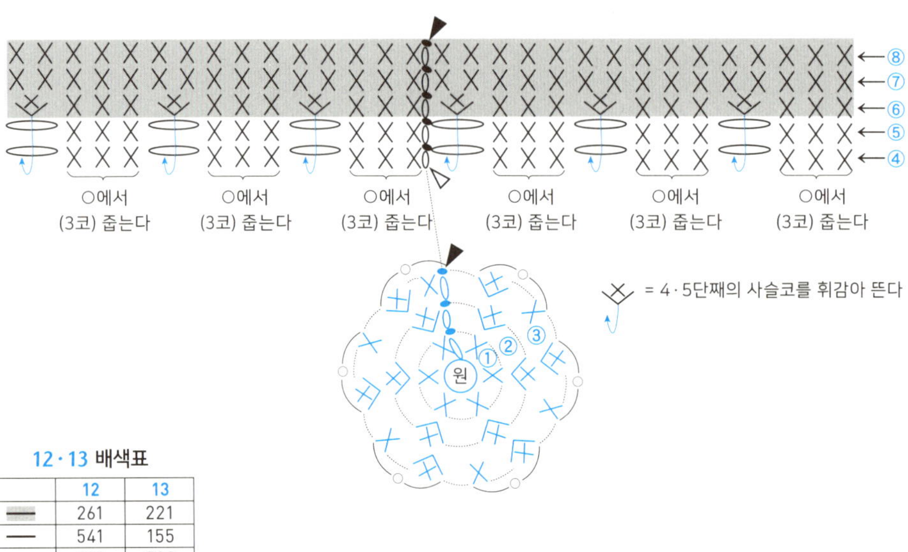

12·13 배색표

	12	13
	261	221
	541	155
	601	522

12·13 마무리하는 방법

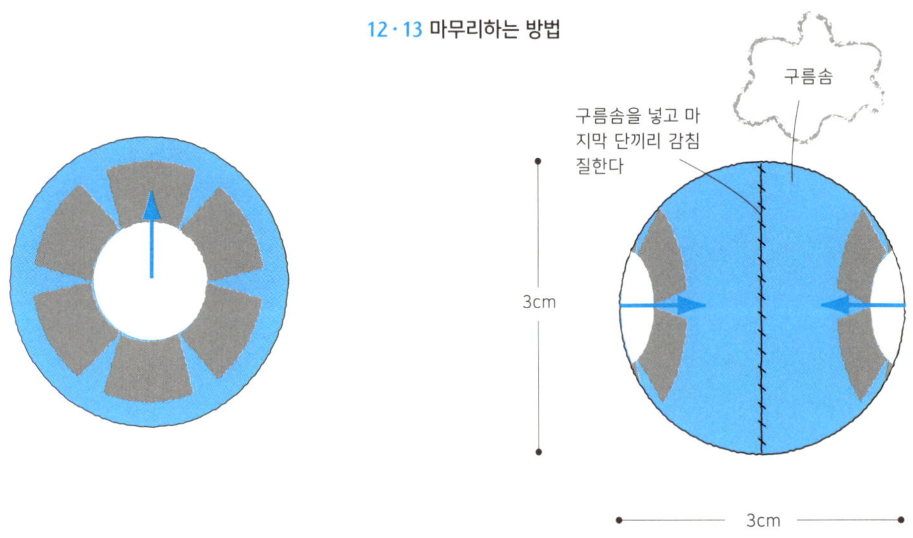

코바늘뜨기 기초

뜨개 도안 보는 법

뜨개 도안은 일반적으로 겉면에서 본 상태를 표시합니다.
코바늘뜨기에서는 겉뜨기와 안뜨기 구별 없이(걸어뜨기 코는 제외),
겉면과 안면을 교차로 보면서 뜨는 왕복뜨기일 경우에도 기호 표시는 같습니다.

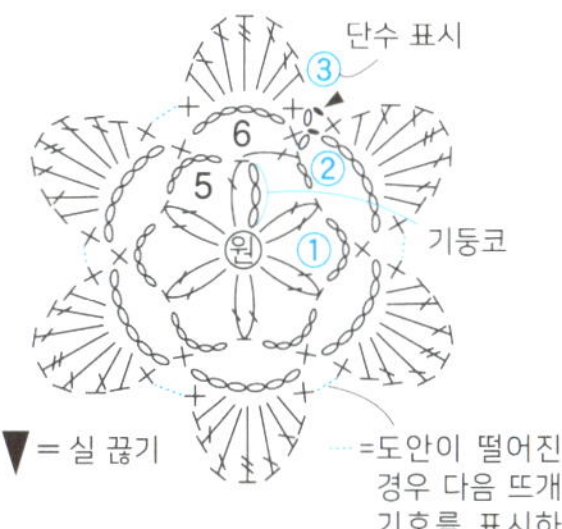

원형뜨기

중심에 원형코(혹은 사슬코)를 만들고 1단씩 원을 그리듯이 뜹니다. 각 단의 처음은 기둥코를 세우고 뜹니다. 기본적으로 뜨개바탕의 겉면을 보면서 뜨고, 도안의 오른쪽에서 왼쪽으로 떠나갑니다.

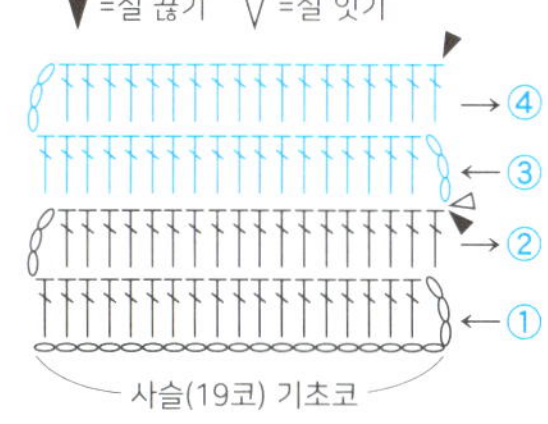

평뜨기(한길 긴뜨기)

좌우에 기둥코를 세우는 것이 특징입니다. 오른쪽에 기둥코가 있다면 뜨개바탕의 겉면이며, 도안을 오른쪽에서 왼쪽으로 진행하며 뜹니다. 왼쪽에 기둥코가 있다면 안면을 뜨개 도안 왼쪽에서 오른쪽으로 진행하면서 뜨는 것이 기본입니다. 예시는 3단에서 배색실을 바꾼 도안입니다.

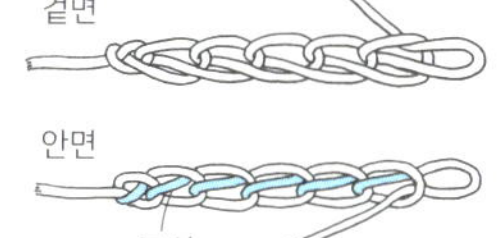

사슬코와 코산

사슬코에는 앞과 뒤가 있습니다. 안면 중앙에 1줄로 불룩하게 나와 있는 실을 '코산'이라고 합니다.

실과 코바늘 쥐기

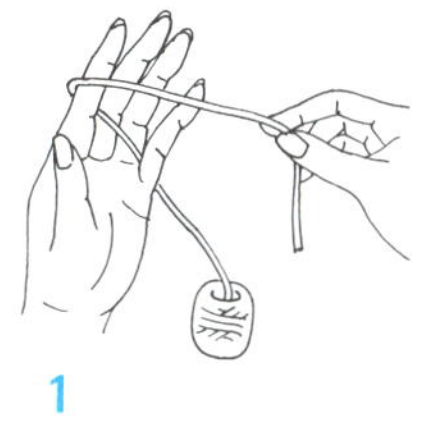  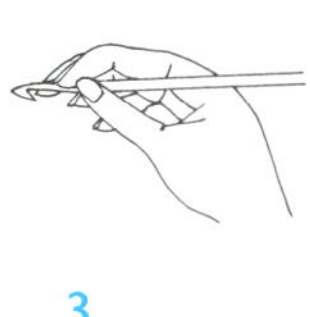

1 왼손의 손등 쪽에서 약지와 소지 사이로 실을 끼웁니다.

2 검지에 실을 걸고, 엄지와 중지로 실 끝 쪽을 잡습니다. 검지를 세워서 실을 적당히 당겨가며 뜹니다.

3 바늘은 엄지와 검지로 잡고 중지로 바늘 앞부분을 가볍게 받칩니다.

첫코 만들기

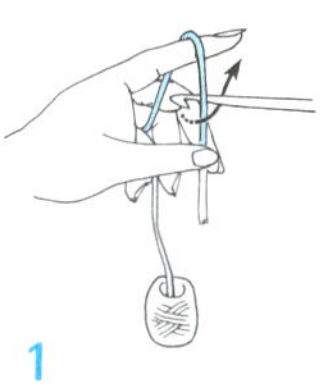 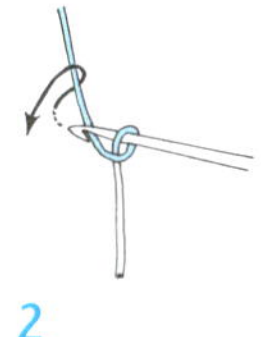 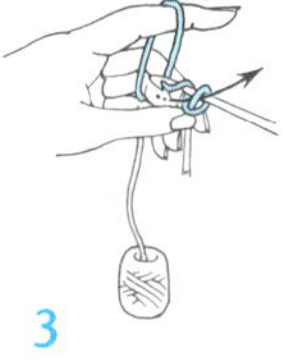 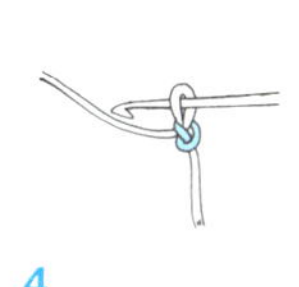

1 코바늘을 실 뒤쪽에서 앞쪽으로 누르듯이 빙 돌려 고리를 만듭니다.

2 바늘의 등으로 실을 누르듯이 움직여서 실을 겁니다.

3 바늘에 걸린 실을 바늘 끝으로 당기듯이 실 고리 사이로 빼냅니다.

4 실 끝을 당겨 코를 조이면 첫코가 됩니다. 이 코는 콧수에 들어가지 않습니다.

기초코 만들기

중심에서 원형으로 뜰 때 (손가락에 실을 감아 원형코 만들기)

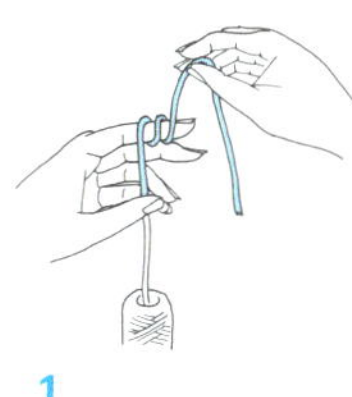 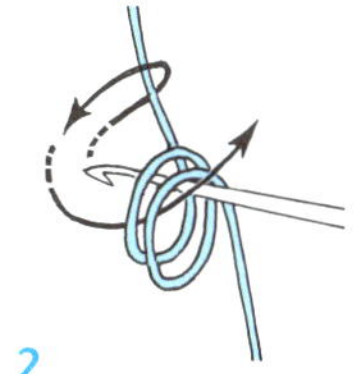 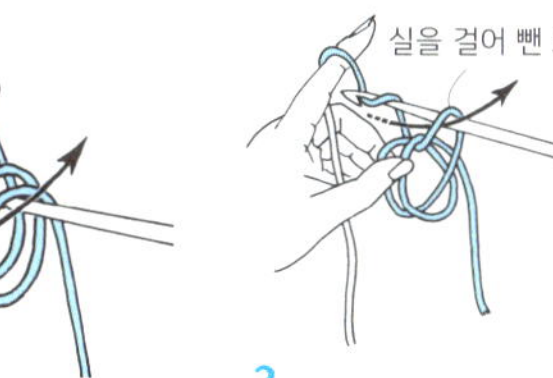 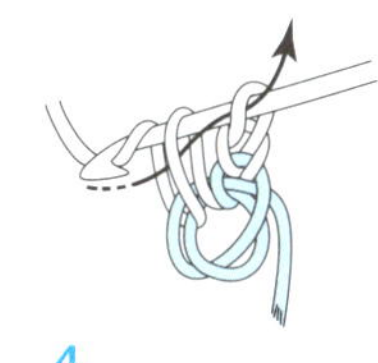 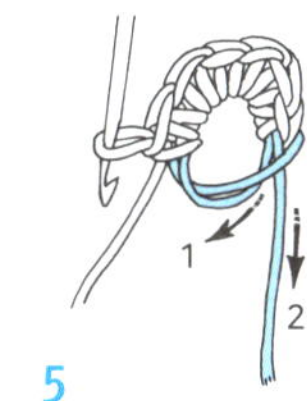 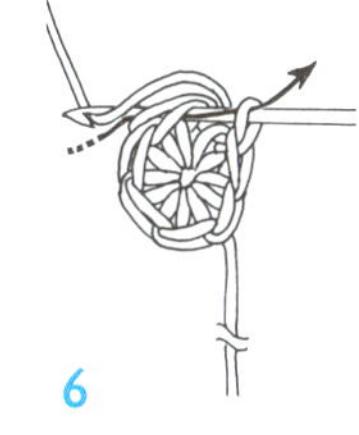

1 왼손 검지에 실을 2번 감아 고리를 만듭니다.

2 고리를 벗겨 왼손에 바꿔 들고, 고리 안에 바늘을 넣어서 실을 걸어 안으로 빼냅니다.

3 다시 실을 걸어서 빼냅니다. 기둥코가 될 사슬 1코를 떴습니다.

4 1단은 원형코 안에 코바늘을 넣어 필요한 콧수만큼 짧은뜨기를 합니다.

5 바늘을 빼내고, 원형코의 2가닥 실 끝을 잡아 당겨 고리를 조입니다.

6 1단의 끝코는 1번째 짧은뜨기에 빼뜨기를 합니다.

중심에서 원형으로 뜰 때 (사슬뜨기로 원형코 만들기)

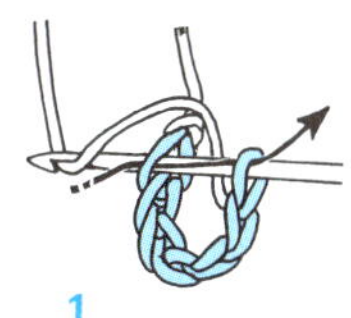 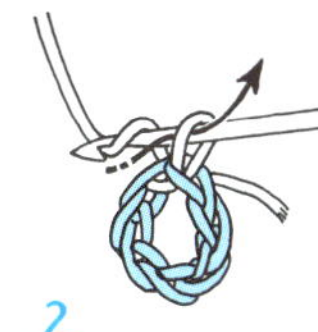 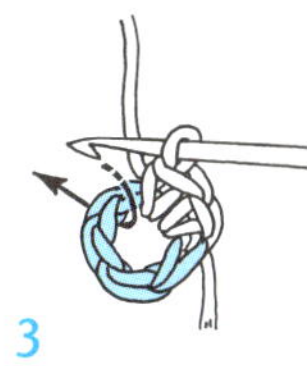 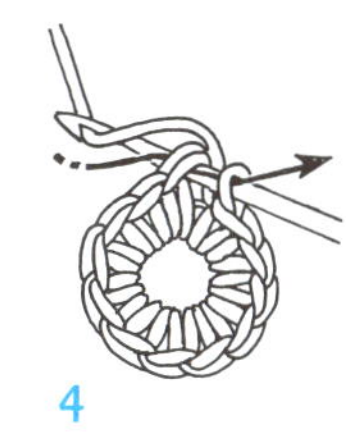

1 필요한 콧수(여기에서는 6코)만큼 사슬을 뜨고 1번째 사슬의 반코에 바늘을 넣어 실을 감아 뺍니다.

2 바늘에 실을 다시 걸어 빼냅니다. 이것이 기둥코가 될 사슬코입니다.

3 1단은 사슬코로 만든 원형코 안에 바늘을 넣고 필요한 콧수(여기에서는 12코)만큼 짧은뜨기를 합니다.

4 1단의 끝코는 1번째코 짧은뜨기 머리에 바늘을 넣은 다음 실을 감아서 빼냅니다.

평뜨기 (짧은뜨기)

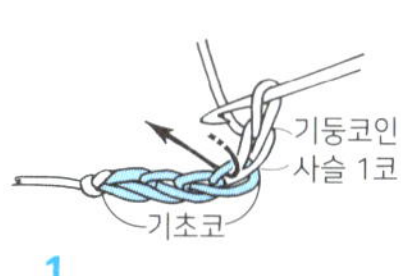 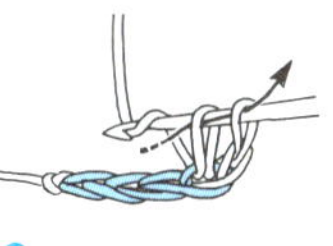 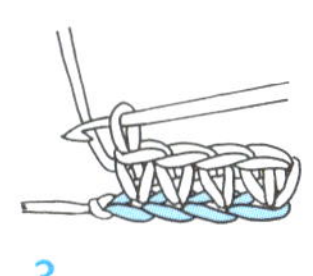

1 필요한 콧수(여기에서는 4코)만큼 사슬을 뜨고 기둥코인 사슬 1코를 세웁니다. 기초코의 가장자리코에 바늘을 넣어 실을 감아 빼냅니다.

2 바늘 끝에 실을 걸고 화살표처럼 바늘에 걸린 2개의 고리 안으로 한 번에 빼냅니다.

3 1단을 뜬 모습입니다. 기둥코인 사슬 1코는 1코로 세지 않습니다.

같은 구슬뜨기라도 뜨개 기호에 따라 코 줍는 방법이 달라집니다. '한길 긴 2코 구슬뜨기(한 코에서)'는 같은 곳에 미완성 한길 긴뜨기를 2코 뜨고 모든 고리 사이로 한 번에 빼냅니다. '한길 긴 2코 구슬뜨기(코 아래에서)'는 앞단 사슬의 아래쪽 공간에 바늘을 넣어 다발을 줍습니다.

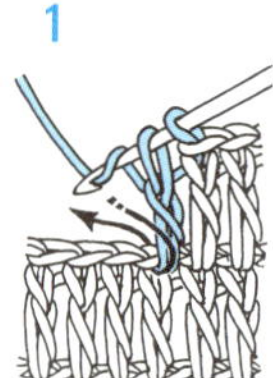

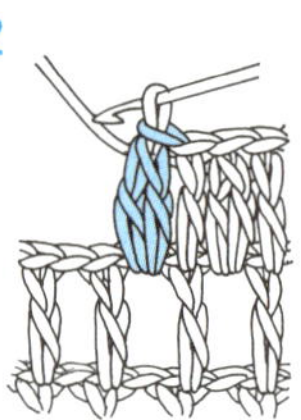

기본 뜨개 기법

사슬뜨기

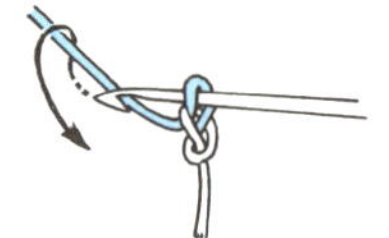

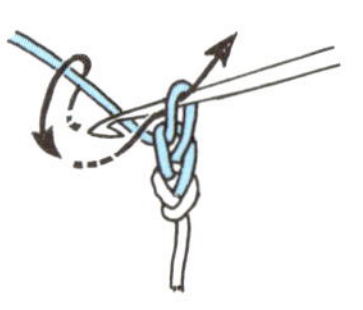
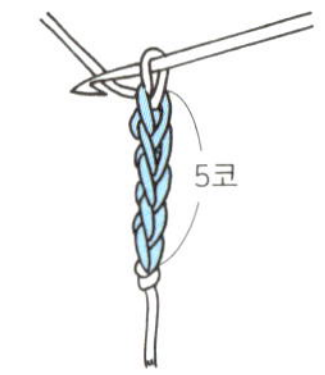

1 바늘 끝을 아래로 하고 첫코를 만들어 바늘에 실을 감습니다.

2 바늘에 걸린 실을 바늘 끝으로 당기며 고리 사이로 빼내 사슬 1코를 떴습니다.

3 같은 요령으로 1과 2를 반복해서 뜹니다.

4 사슬뜨기 5코를 완성한 모습입니다.

빼뜨기

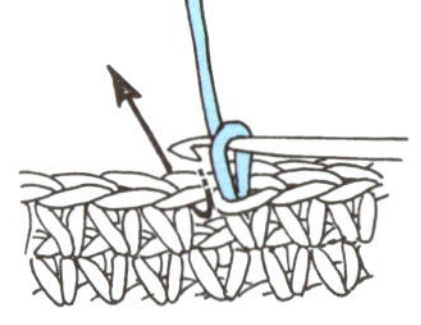
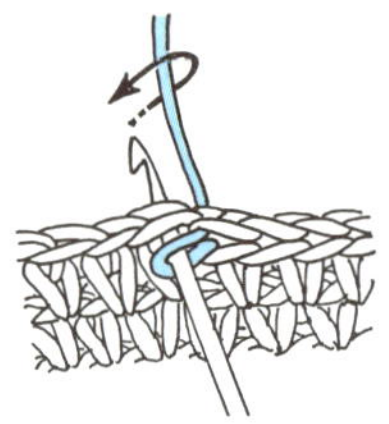
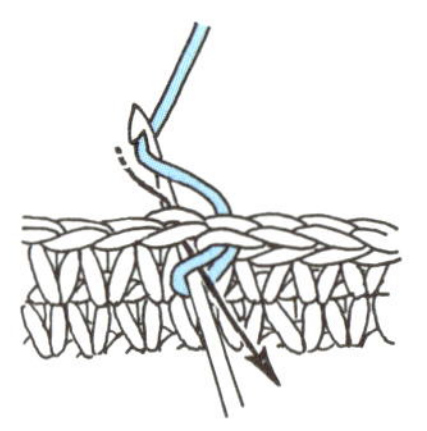
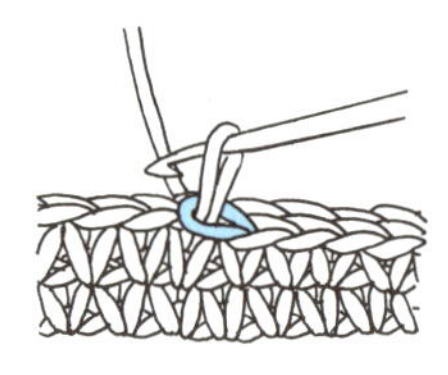

1 실을 뒤쪽에 두고 앞단 뜨개 코 머리에 바늘을 넣습니다.

2 바늘 끝에 실을 겁니다.

3 바늘 끝에 걸린 실을 한 번에 빼냅니다.

4 빼뜨기 1코를 떴습니다.

짧은뜨기

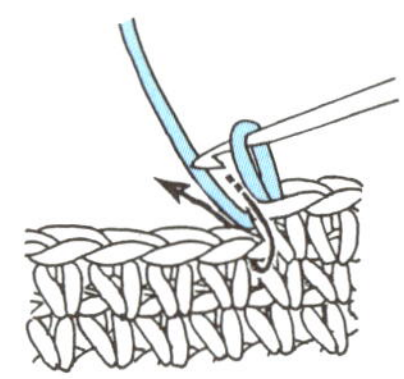
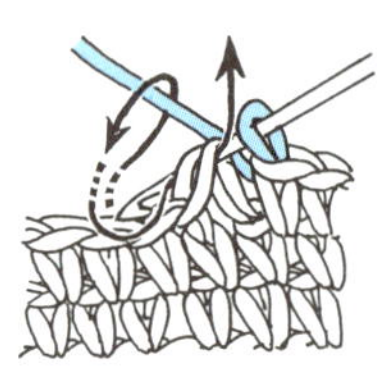
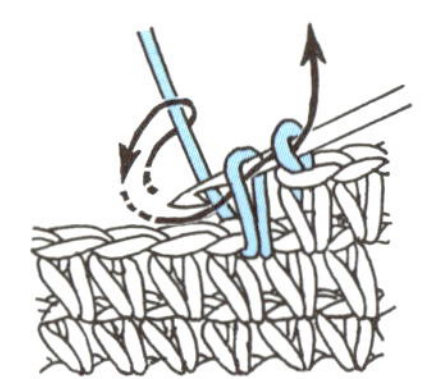
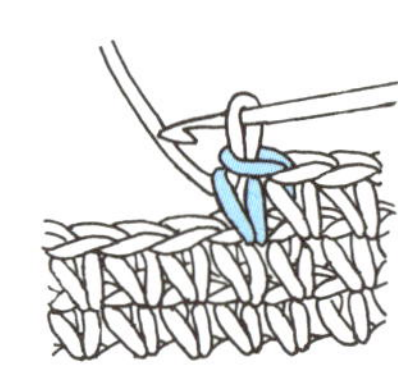

1 앞단 짧은뜨기 머리에 바늘을 넣습니다.

2 바늘의 등으로 실을 누르듯이 바늘 끝을 빙 돌려 실을 걸어 빼냅니다.

3 다시 바늘에 실을 걸어 고리 2개 사이로 한 번에 빼냅니다.

4 짧은뜨기 1코를 완성했습니다.

긴뜨기

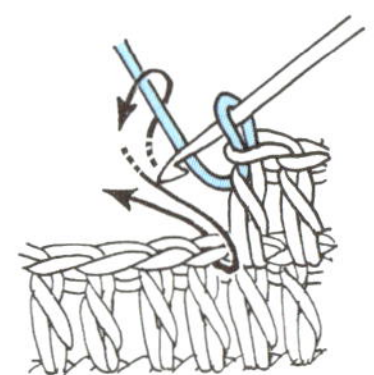
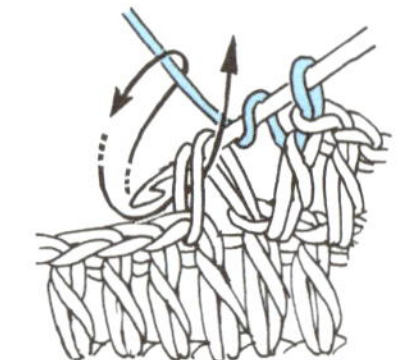
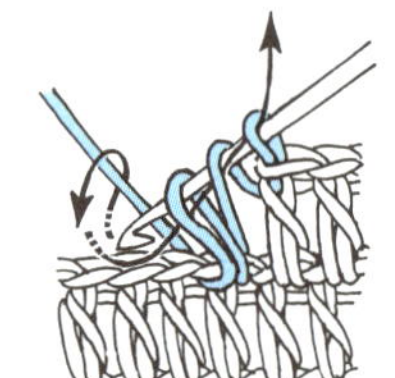
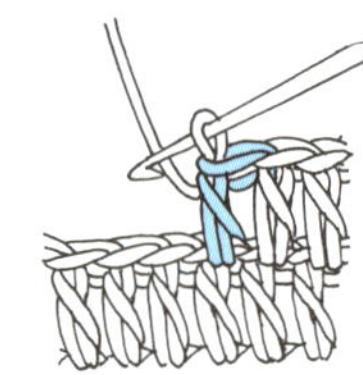

1 바늘에 실을 걸고 앞단의 코 머리에 바늘을 넣습니다.

2 바늘의 등으로 실을 누르듯이 돌려 바늘에 실을 걸어 빼냅니다. 이것을 미완성 긴뜨기라고 합니다.

3 다시 바늘에 실을 걸어 바늘에 걸린 고리 3개 사이로 한 번에 빼냅니다.

4 긴뜨기 1코를 떴습니다.

한길 긴뜨기

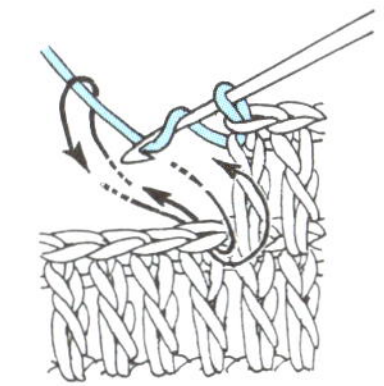 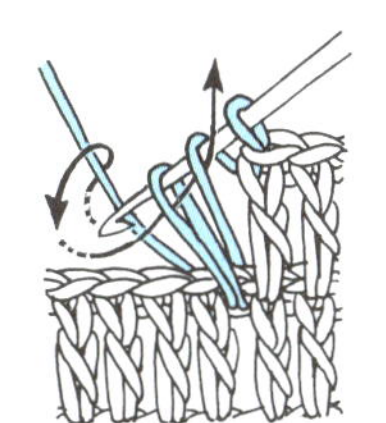 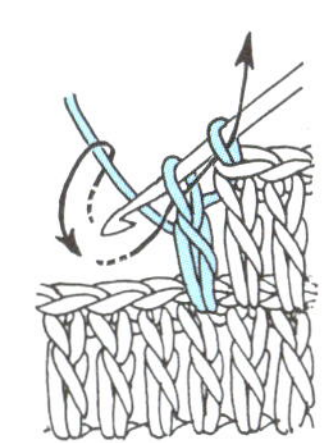 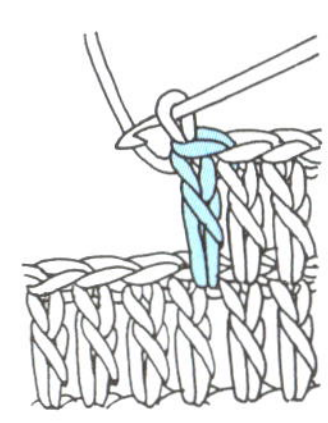

1 바늘에 실을 걸고 앞단의 코 머리에 바늘을 넣어 사슬 2 코만큼의 높이로 빼냅니다.

2 실을 빼낸 모습입니다. 다시 화살표처럼 바늘에 실을 감아 2 개의 고리 사이로 빼냅니다. 이 것을 미완성의 한길 긴뜨기라 고 합니다.

3 다시 바늘을 움직여서 바늘 에 남은 고리 2개 사이로 빼 냅니다.

4 한길 긴뜨기 1코를 떴습 니다.

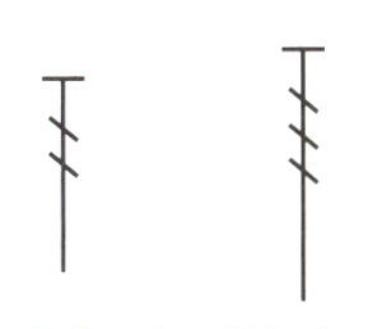

두길 긴뜨기   세길 긴뜨기

*( ) 안은 세길 긴뜨기를 뜰 때 횟수

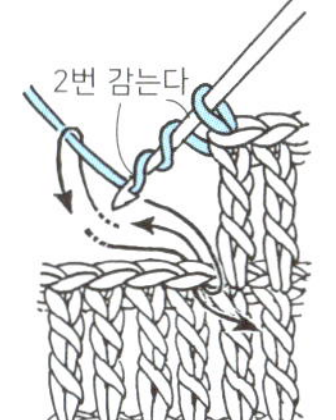 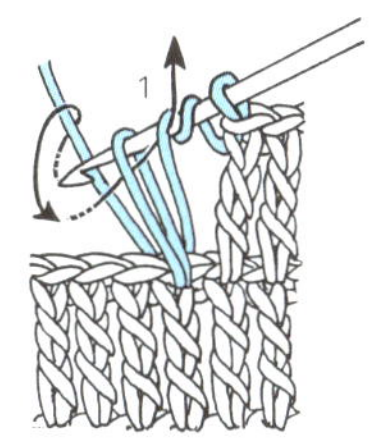 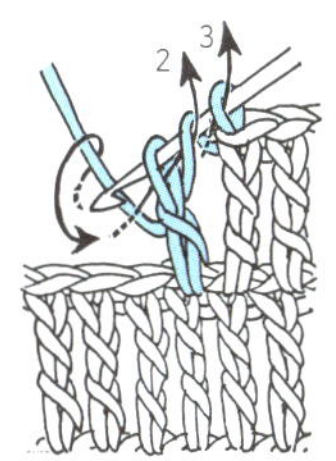 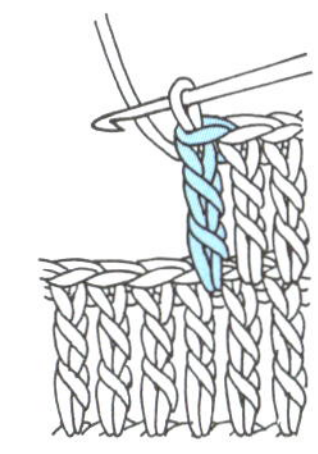

1 바늘에 실을 2번(3번) 감아 앞단 코에 바늘을 넣고, 사슬 2코만큼의 높이로 빼냅니다.

2 화살표처럼 바늘에 실을 걸고 바늘에 걸린 2개의 고리 사이로 빼냅니다.

3 다시 바늘에 실을 걸어 2 동작을 2번(3번) 되 풀이합니다.

4 두길 긴뜨기 1코를 떴습 니다.

짧은 2코 모아뜨기

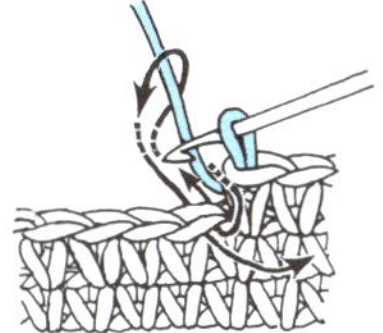 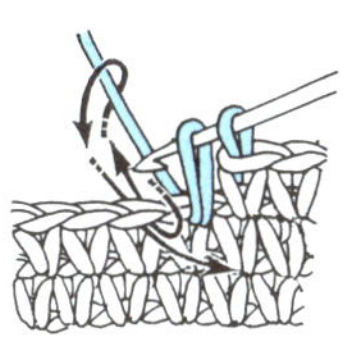 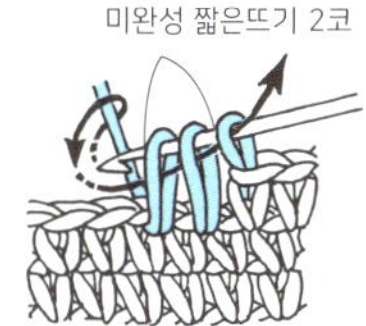 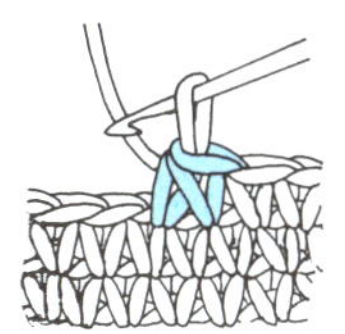

1 앞단 코의 머리에 화살표 처럼 바늘을 넣고 실을 겁 니다.

2 이어서 다음 코에 바늘을 넣 고 실을 걸어 빼냅니다.

3 미완성 짧은뜨기를 2코 뜬 상태에서 바늘에 실을 걸 고 바늘에 걸린 3개의 고리 사이로 한 번에 빼냅니다.

4 2코가 1코로 줄어드는 '짧은 2코 모아뜨기'를 했습니다. 1코 줄어든 상태입니다.

짧은 2코 늘려뜨기 (한 코에서)

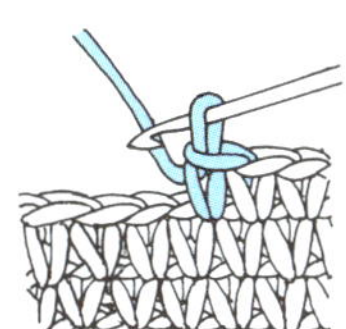 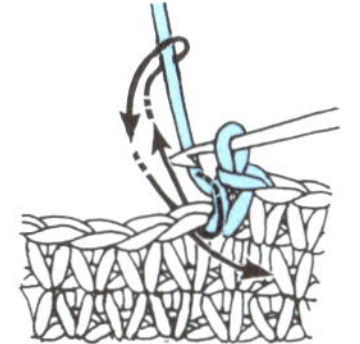 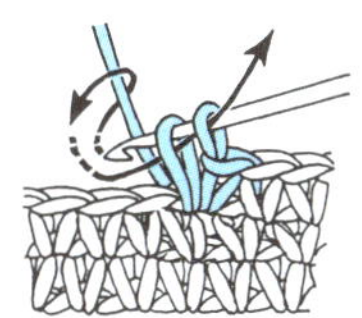 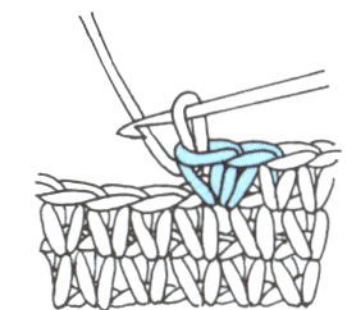

1 앞단 코의 머리 2가닥에 바 늘을 넣고 짧은뜨기를 1코 뜹니다.

2 다시 같은 코에 바늘을 넣 어 실을 걸고 사슬 1코만큼 의 높이로 빼냅니다.

3 다시 짧은뜨기를 합니다. 즉 바늘 끝에 실을 걸고 바 늘에 걸린 2개의 고리 사 이로 빼냅니다.

4 한 코에 짧은뜨기를 2코 떴 습니다. 1코가 늘어난 상태 입니다.

짧은 3코 늘려뜨기

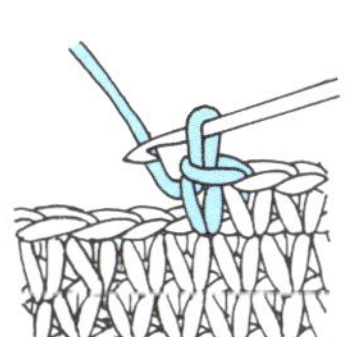 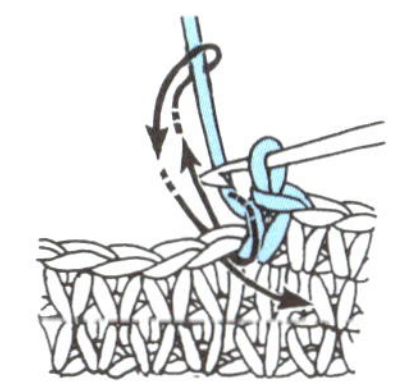 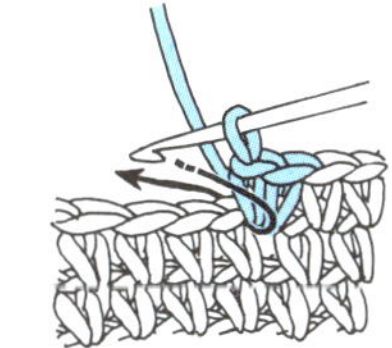 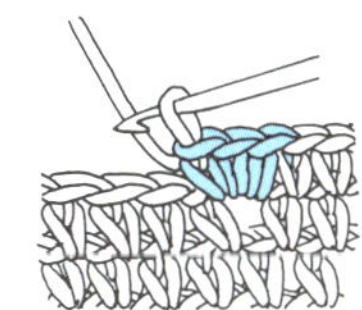

1 앞단 코의 머리 2가닥에 바 늘을 넣고 짧은뜨기를 1코 뜹니다.

2 다시 같은 코에 바늘을 넣어 실을 걸고 사슬 1코만큼의 높이로 빼냅니다.

3 짧은 2코 늘려뜨기(한 코 에서)를 하고, 같은 코에 다시 짧은뜨기를 1코 뜹 니다.

4 한 코에 짧은뜨기를 3코 떴 습니다. 2코가 늘어난 상태 입니다.

빼뜨기의 피코뜨기
(짧은뜨기에서)

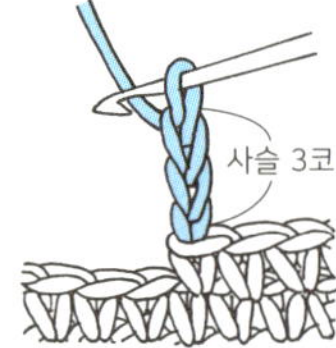
1 짧은뜨기에 이어서 사슬 3코를 뜹니다.

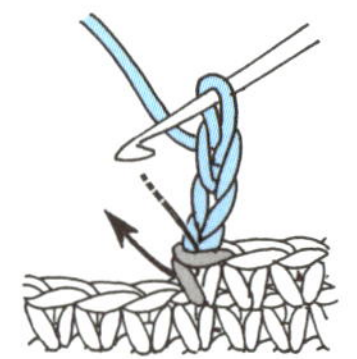
2 짧은뜨기의 머리에서 앞쪽 반코와 다리 쪽 실 1가닥을 줍습니다.

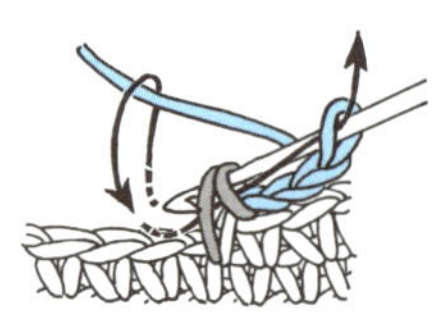
3 바늘에 실을 걸어 화살표대로 한 번에 빼냅니다.

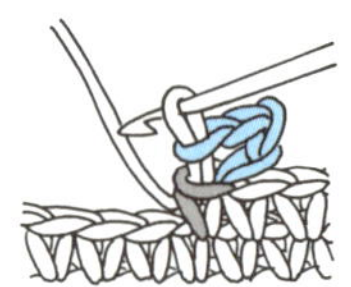
4 '빼뜨기의 피코뜨기'를 짧은뜨기에서 떴습니다.

한길 긴 2코 모아뜨기

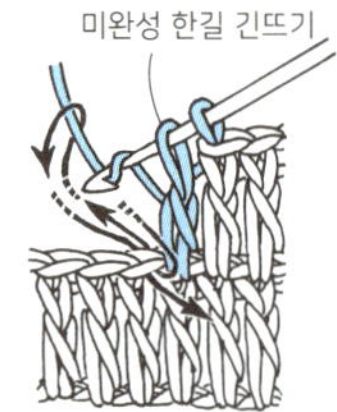
1 앞단 코에 미완성의 한길 긴뜨기를 1코 뜨고, 다시 바늘에 실을 걸고 다음 코에 바늘을 넣습니다.

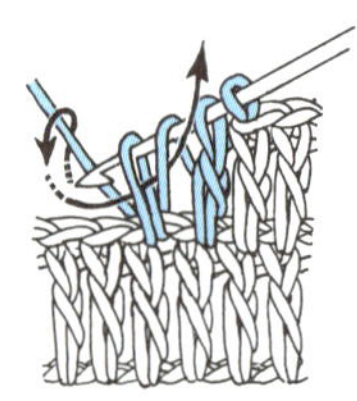
2 바늘에 실을 걸어 빼낸 다음, 다시 바늘에 실을 걸어 2개의 고리 사이로 빼냅니다.

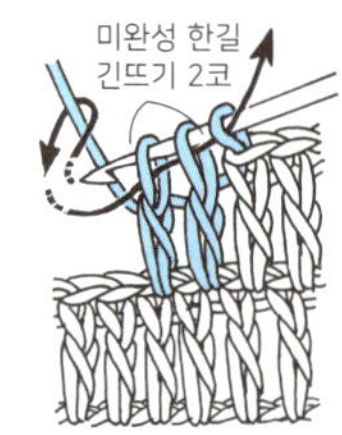
3 다시 바늘에 실을 걸어 바늘에 걸린 고리 3개를 한 번에 빼냅니다.

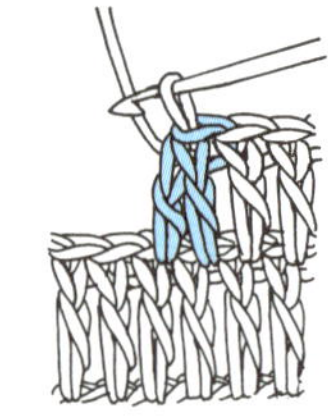
4 2코가 1코로 줄어드는 '한길 긴 2코 모아뜨기'를 떴습니다. 1코가 줄어든 상태입니다.

한길 긴 2코 늘려뜨기
(한 코에서)

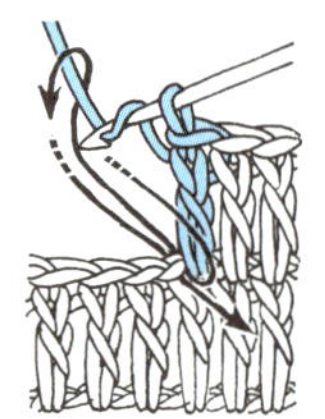
1 앞단의 코를 주워서 한길 긴뜨기를 1코 뜨고, 바늘에 실을 걸고 사슬 2코만큼의 높이로 실을 빼냅니다.

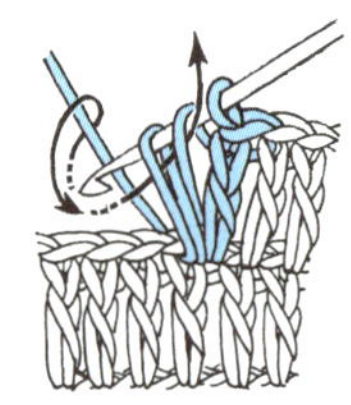
2 한길 긴뜨기를 합니다. 즉 바늘에 실을 걸고 2개의 고리 사이로 빼냅니다.

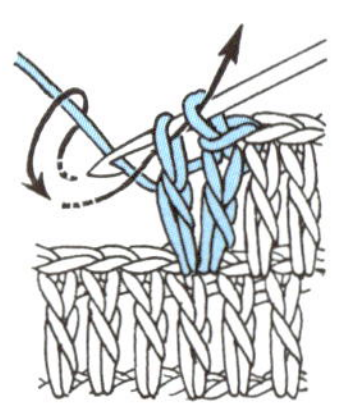
3 다시 바늘에 실을 걸고 2개의 고리 사이로 한 번에 빼냅니다.

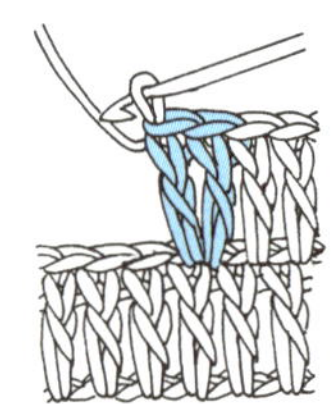
4 한 코에 한길 긴뜨기를 2코 떴습니다. 1코 늘어난 상태입니다.

한길 긴 3코 구슬뜨기

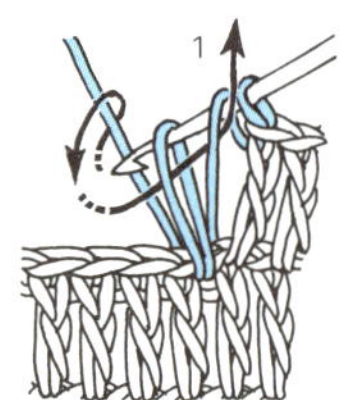
1 앞단의 코에 바늘을 넣어 미완성의 한길 긴뜨기를 1코 뜹니다.

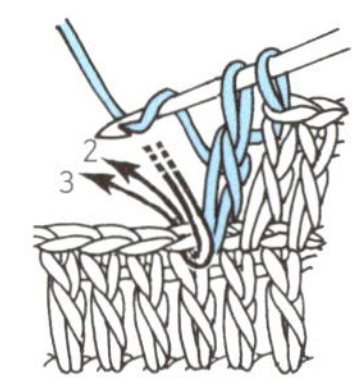
2 이 1번째 코는 미완성인 채로 두고, 바늘에 실을 걸어 같은 코에 미완성 한길 긴뜨기를 2코 더 뜹니다.

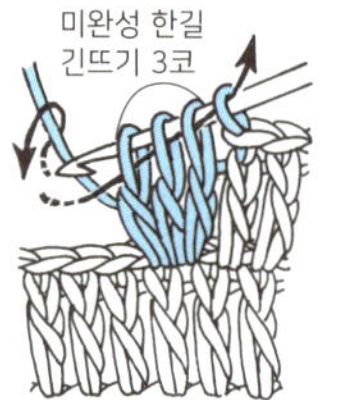
3 미완성 한길 긴뜨기를 3코 떴다면, 바늘에 실을 걸고 바늘에 걸린 4개의 고리 사이로 한 번에 빼냅니다.

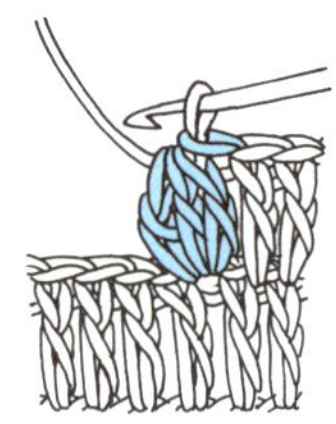
4 '한길 긴 3코 구슬뜨기'를 떴습니다.

긴 3코 변형 구슬뜨기

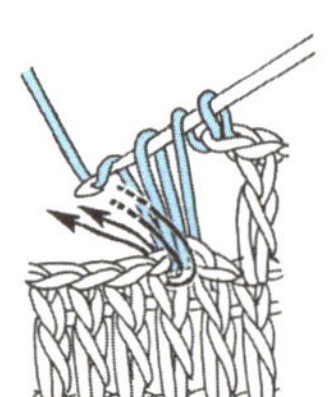
1 앞단의 코에 바늘을 넣어 미완성 긴뜨기 3코를 뜹니다.

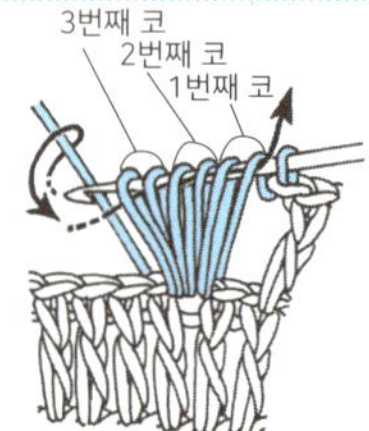
2 이어서 바늘에 실을 걸고 바늘에 걸린 고린 6개의 고리 사이로 빼냅니다. 가장 오른쪽 고리는 남겨둡니다.

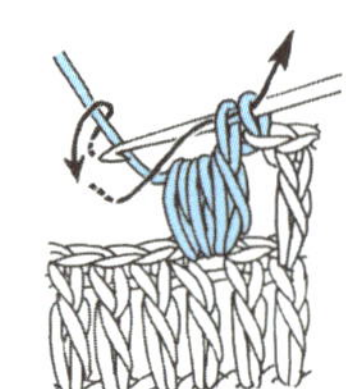
3 다시 한 번 바늘에 실을 걸어 남은 2개의 고리 사이로 빼냅니다.

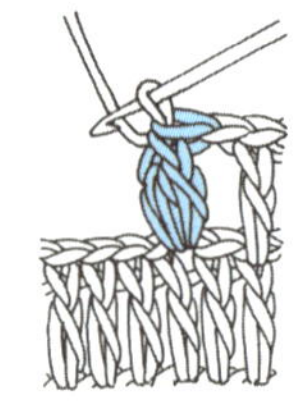
4 '긴 3코 변형 구슬뜨기'를 떴습니다.

**짧은 이랑뜨기
(원형뜨기)**

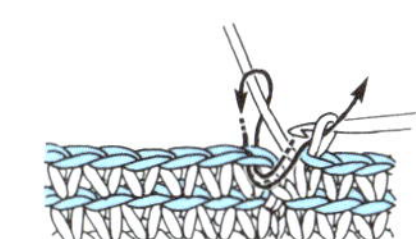

1 원형뜨기로 뜰 때는 뜨개바탕의 겉면만 보면서 뜹니다. 짧은뜨기를 1바퀴 뜨고 1번째 코 짧은뜨기의 머리에 빼뜨기를 합니다.

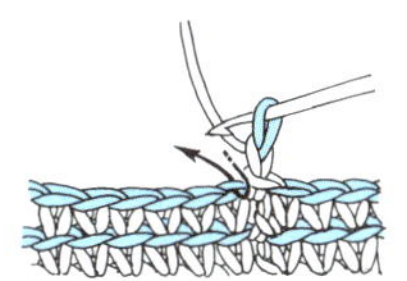

2 3단의 기둥코인 사슬 1코를 뜨고, 2단 1번째 코 짧은뜨기의 오른쪽 반코를 주워 짧은뜨기를 합니다.

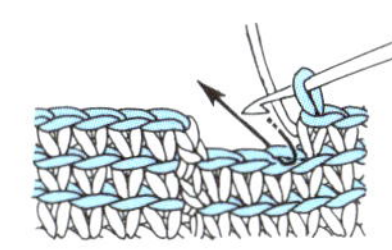

3 계속해서 오른쪽 반코를 주워 짧은뜨기를 합니다.

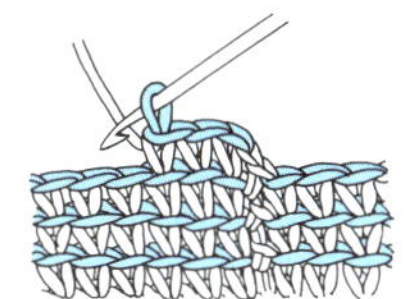

4 같은 요령으로 오른쪽 반코를 주워서 짧은뜨기를 하며 1바퀴 돕니다. 짧은 이랑뜨기 3단을 뜨는 모습입니다.

**한길 긴
앞걸어뜨기**

※ 왕복뜨기로 안면을
보면서 뜰 때는 뒤걸
어뜨기를 합니다.

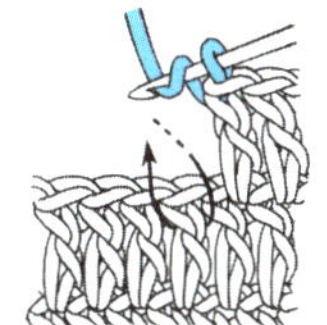

1 바늘에 실을 걸고서 앞단 코의 다리 전체를 줍는데, 앞쪽에서 바늘을 넣어 앞쪽으로 뺍니다.

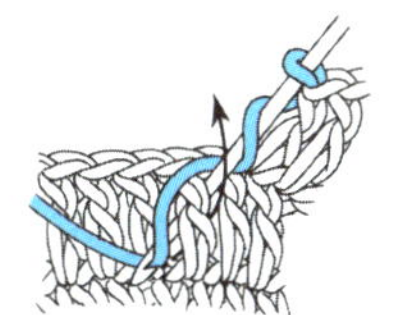

2 바늘에 실을 걸어 실을 조금 길게 끌어냅니다.

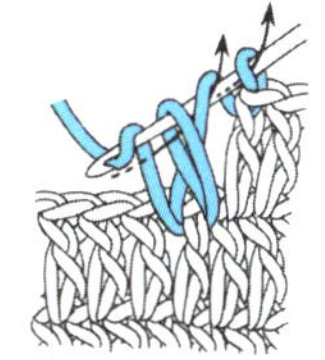

3 바늘에 실을 걸어 바늘에 걸린 2개의 고리 사이로 한 번에 빼냅니다. 같은 동작을 1번 더 합니다. 즉 한길 긴뜨기를 합니다.

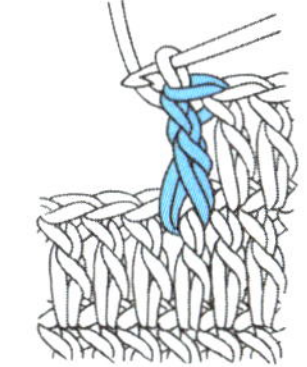

4 '한길 긴 앞걸어뜨기'를 완성했습니다.

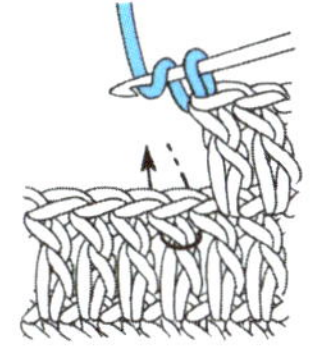

한길 긴 뒤걸어뜨기

※ 왕복뜨기로 안면을
보면서 뜰 때는 앞걸
어뜨기를 합니다.

1 바늘에 실을 걸고서 앞단 코의 다리 전체를 줍는데, 뒤쪽에서 바늘을 넣어 뒤쪽으로 뺍니다.

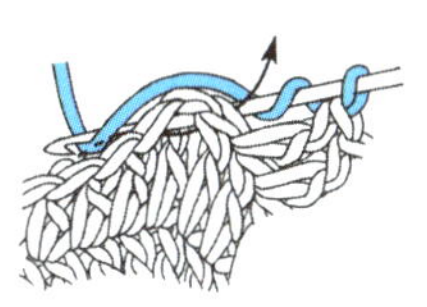

2 실을 걸어 화살표처럼 길게 빼냅니다.

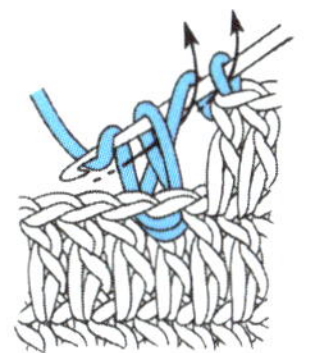

3 바늘에 실을 걸어 바늘에 걸린 2개의 고리 사이로 빼냅니다. 같은 동작을 1번 더 합니다. 즉 한길 긴뜨기를 합니다.

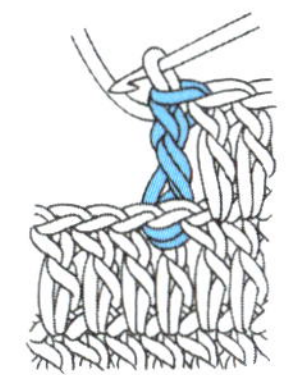

4 '한길 긴 뒤걸어뜨기'를 완성했습니다.

줄무늬 뜨는 방법(나선형으로 뜰 때 테두리에서 실을 바꾸는 방법)

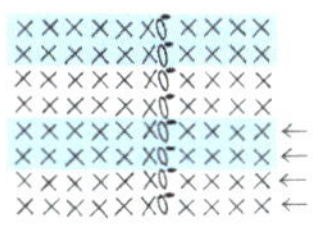

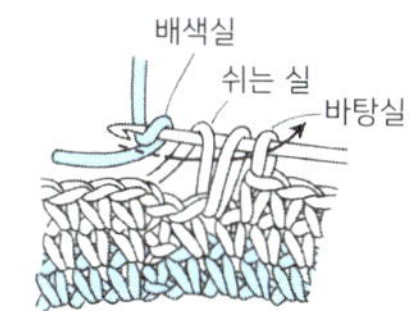

1 단의 끝에서 짧은뜨기를 완성하려 할 때 쉬는 실(바탕실)을 바늘 뒤쪽으로 걸쳐두고, 배색실을 걸어 빼냅니다.

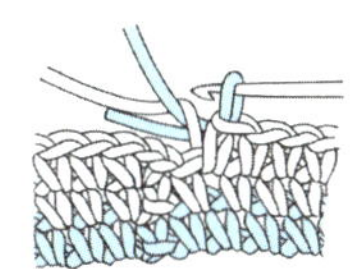

2 배색실로 바뀐 모습입니다. 바탕실은 그대로 쉬게 하고, 1번째 짧은뜨기 머리에 바늘을 넣어 배색실의 실 끝은 같이 주워서 실을 걸어 빼냅니다.

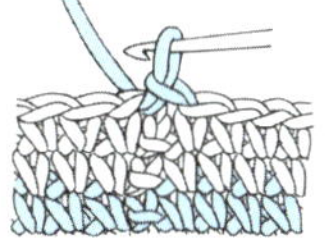

3 배색실을 감싸듯이 바탕실로 짧은뜨기합니다.

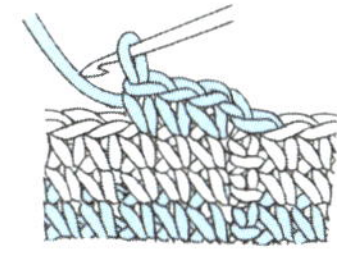

4 같은 요령으로 뜨고, 단의 끝에서는 다음 단의 기둥코인 사슬코를 뜹니다.

짧은뜨기의 배색뜨기(실을 가로로 걸치기)

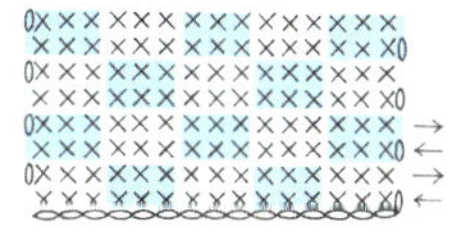

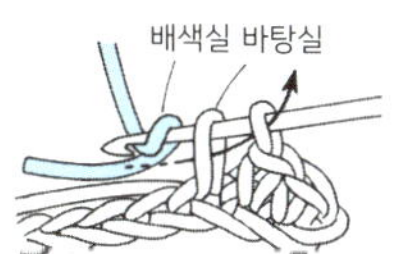

1 배색 무늬가 들어가기 1코 전의 짧은뜨기에서 마지막으로 빼뜨기를 할 때 배색실을 걸어 빼냅니다.

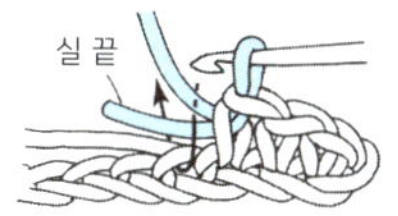

2 바탕실과 배색실의 실 끝을 같이 주워서 실을 걸어 빼냅니다. 바탕실과 실 끝을 감싸듯이 배색실로 짧은뜨기를 합니다. 실 끝을 함께 떠나가면 나중에 실 마무리를 하지 않아도 됩니다.

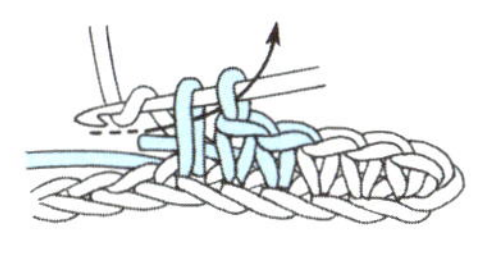

3 배색실의 마지막 빼뜨기를 할 때 바탕실로 바꿉니다.

지은이 applemints

1988년에 설립된 아사히 신문 계열의 실용서 전문 출판사로 수예, 요리 등 다양한 분야에서 연간 50여 종 이상을 출간하고 있다.

옮긴이 구연경

디자인을 전공했으며, 천 인형, 구체관절 인형, 비스크 인형 등을 만들어오다가 부드럽고 따뜻한 느낌이 좋아 손뜨개 인형도 만들기 시작했다. 현재 끌림니트디자인학원에서 손뜨개 인형의 눈 만들기 강의를 하고 있다.

인형공방 연경 _ http://koooda.blog.me/

감수자 조수연

손으로 만드는 작업의 매력에 끌려 '끌림'이라는 이름의 니트디자인회사를 창업하여, 현재 니트디자인회사 끌림과 끌림니트디자인학원의 대표로 일하고 있다. 또한 국내 최대 규모의 손뜨개 인형 커뮤니티 '끌림'을 운영하면서 손뜨개 인형 세미나와 손뜨개 인형 전시회인 '끌림페스티벌'을 기획 및 진행하고 있다. 쓴 책으로는 국내 최초의 대바늘 인형 책인《I LOVE DOLLS》와《손뜨개로 꾸미는 우리 집》이 있다.

끌림니트디자인학원 _ http://ccllimknit.modoo.at
'끌림' 손뜨개 인형 커뮤니티 _ http://cafe.naver.com/ccllim

✱ 찾아보기

두근두근 손뜨개 인형 레슨
시끌벅적 나만의 미니 동물원 100

1판 1쇄 펴냄 2016년 10월 26일

지은이 applemints
옮긴이 구연경
감 수 조수연
펴낸이 하진석
펴낸곳 참돌

주소 서울시 마포구 독막로3길 51
전화 02 - 518 - 3919
팩스 0505 - 318 - 3919
이메일 book@charmdol.com
신고번호 제313 - 2011 - 228호
신고일자 2011년 8월 11일

ISBN 978-89-98317-86-7 13630

* 이 책 내용의 전부나 일부를 이용하려면 반드시 저작권자와 참돌의 서면 동의를 받아야 합니다.

* 책값은 뒤표지에 있습니다.

* 잘못된 책은 구입하신 곳에서 바꾸어 드립니다.

SHISHU ITO DE AMU AMIGURUMI NO MINI
DOUBUTSUEN 100 KAWAII KAGIBARIAMI

*이 책에 실린 작품은 전부 올림푸스의 자수실(25번)을 사용하였습니다. 자수실은 실의 양과 두께가 비슷하기 때문에 DMC와 같은 다른 브랜드의 같은 색 계열의 실을 64~65쪽의 25번 자수실 색 견본을 참고하여 선택해 작업해도 좋습니다.

*손뜨개 인형 전용 눈은 인터넷이나 부자재 전문점에서 구매할 수 있습니다.